百科通识文库

49

解读柏拉图

朱莉娅·安娜斯 著

高峰枫 译

外语教学与研究出版社

北京

京权图字：01-2006-6845

Plato was originally published in English in 2003.
This Chinese Edition is published by arrangement with Oxford University Press and is for sale in the People's Republic of China only, excluding Hong Kong SAR, Macau SAR and Taiwan Province, and may not be bought for export therefrom.
英文原版于 2003 年出版。该中文版由牛津大学出版社及外语教学与研究出版社合作出版，只限中华人民共和国境内销售，不包括香港特别行政区、澳门特别行政区及台湾省。不得出口。

图书在版编目（CIP）数据

解读柏拉图 /（英）安娜斯（Annas, J.）著；高峰枫译. — 北京：外语教学与研究出版社，2015.8
（百科通识文库）
ISBN 978-7-5135-6499-1

Ⅰ. ①解… Ⅱ. ①安… ②高… Ⅲ. ①柏拉图（前427～前347）－哲学思想 Ⅳ. ①B502.232

中国版本图书馆CIP数据核字（2015）第198814号

出 版 人　蔡剑峰
项目策划　姚　虹
责任编辑　周渝毅
封面设计　泽　丹
版式设计　锋　尚
出版发行　外语教学与研究出版社
社　　址　北京市西三环北路19号（100089）
网　　址　http://www.fltrp.com
印　　刷　中国农业出版社印刷厂
开　　本　889×1194　1/32
印　　张　4.5
版　　次　2015年9月第1版　2015年9月第1次印刷
书　　号　ISBN 978-7-5135-6499-1
定　　价　20.00元

购书咨询：（010）88819929　电子邮箱：club@fltrp.com
外研书店：http://www.fltrpstore.com
凡印刷、装订质量问题，请联系我社印制部
联系电话：（010）61207896　电子邮箱：zhijian@fltrp.com
凡侵权、盗版书籍线索，请联系我社法律事务部
举报电话：（010）88817519　电子邮箱：banquan@fltrp.com
法律顾问：立方律师事务所　刘旭东律师
　　　　　中咨律师事务所　殷　斌律师
物料号：264990001

百科通识文库书目

历史系列：

美国简史
探秘古埃及
古代战争简史
罗马帝国简史
揭秘北欧海盗
日不落帝国兴衰史——盎格鲁－撒克逊时期
日不落帝国兴衰史——中世纪英国
日不落帝国兴衰史——十八世纪英国
日不落帝国兴衰史——十九世纪英国
日不落帝国兴衰史——二十世纪英国

艺术文化系列：

建筑与文化
走近艺术史
走近当代艺术
走近现代艺术
走近世界音乐
神话密钥
埃及神话
文艺复兴简史
文艺复兴时期的艺术
解码畅销小说

自然科学与心理学系列：

破解意识之谜
认识宇宙学
密码术的奥秘
达尔文与进化论
恐龙探秘
梦的新解
情感密码
弗洛伊德与精神分析
全球灾变与世界末日
时间简史
简析荣格
浅论精神病学
人类进化简史
走出黑暗——人类史前史探秘

政治、哲学与宗教系列：

动物权利
《圣经》纵览
释迦牟尼：从王子到佛陀
解读欧陆哲学
死海古卷概说
欧盟概览
存在主义简论
女权主义简史
《旧约》入门
《新约》入门
解读柏拉图
解读后现代主义
读懂莎士比亚
解读苏格拉底
世界贸易组织概览

目 录

图 目

译者序

这部正文不足百页的小书是英国古典学者朱莉娅·安娜斯（Julia Annas）为一般读者撰写的柏拉图导读。安娜斯是牛津出身，在牛津执教多年，现任美国亚利桑那大学讲座教授。她专治古代哲学，对柏拉图、亚里士多德以及古代怀疑派均有专门研究。我曾读过她《理想国导读》一书和其他论柏拉图的单篇论文，感觉安娜斯虽称不上是开宗立派的思想巨擘，但确是一位淳谨笃实的优秀学者。这本小书以凝缩的方式、简明的语言向读者介绍了柏拉图思想的方方面面，不尚新奇，却又吸收了西方柏拉图研究的一些新成果，作为一本入门书，可算是一时之选。目前国内研究柏拉图的风气渐浓，但有些学者过分倚重列奥·施特劳斯（Leo Strauss)，而且对施特劳斯的理解简单机械，食而不化，以致于谈玄说妙，光怪陆离，几堕魔障。希望此书能有助于普通读者更全面了解柏拉图思想，特别是传统研究所关注的哲学问题。至于矫正目前凌空蹈虚的研究风气，则非译者所敢想。

在译书过程中，我对各章的题目和个别小标题作了较大改动，力求醒目。另外，原书无脚注，考虑到读者的需要，我加了60余条注释。这些注释中，有一类涉及文史知识，尤其是较偏僻的作家，我尽量简单予以解释。主要参考了《牛津古典辞书》(*The Oxford Classical Dictionary*, 2nd edition. Edited by N. G. L. Hammond and H. H. Scullard. Oxford: Clarendon Press, 1970)。另一类是柏拉图著作的引证。除作者随文注出的对话出处之外，作者没有注出的，我尽量找出标准页码，这样读者若有兴趣查证，自可按图索骥。但受学力所限，我注出较多的是本人熟悉的一些对话，还有一些段落仓促之间未能查询到准确出处，望读者体谅。

书中柏拉图著作的中译文，我尽量引用老一代学者，主要是严群和王太庆两家的翻译。一来，两位先生都是从希腊文原文翻译，二来也借此表达对前辈学人的敬意。译文中与现今语言习惯不合的词句，一般不作改动。《理想国》我用的是上世纪20年代吴献书的译本，主要因为这一译本现在大家谈论较少，故特意表而出之。以上三家没有翻译的对话，我大多据作者书中自己的英译文来翻译，偶有不明之处，便查对洛布古典丛书的译文。

在编写注释过程中，社科院哲学所高山杉先生帮我查对了很多材料，并通读了译稿，指出语言上的一些疏漏。第七章有两个日文问题，我请教了北京大学日语系的彭广陆教授，在此一并致谢。最后要感谢外研社的编辑高耿松先生，是他促成了本书的翻译。

译文中凡有不当之处，望读者指出。在此先行谢过。

译者谨识

2007 年5月

第一章

知识与意见[1]

1　作者在这一章讨论柏拉图的认识论，其中最重要的两个概念是“知识”（knowledge）和“意见”（belief，也有译作opinion）。为使读者先明了这两个概念之间的区别，特摘录严群先生对此所作的辨析（载严群编著的《柏拉图》一书，世界书局，民国23年，页34—35）：

（一）意见有真有假，有对有不对；理性知却没有真假、对不对的含糊[案：“理性知”就是“知识”]；

（二）意见对于任何事物，都不能有洞察明辨之功，纵使所见偶尔不差，毕竟缺少必然性，而信之不笃、守之不坚；理性知却不然，它所见的的确是真理，有必然性，而且信之笃、守之坚；

（三）至于来源，则意见尽可被人游说、劝诱而如此这般地主张，易出易入，相信得快，动摇得也快；理性知却只能受人开导、指点，难出难入，不易相信，也不至动摇；

（四）再论对象：理性知的对象是纯粹的“有”（pure being）；意见的对象则介于“有”与“非有”（non-being）之间，参杂感觉成分、变幻无常的东西，所以意见是介乎知与无知（knowledge and ignorance）之间的一种状态；

（五）就范围说，随便什么人都能有意见，理性知却限于少数人。

陪审团的问题

假如你是陪审团成员，正在听张三讲述他被袭和遭抢的经过。他讲得细节生动，没有破绽，你完全相信他的说法，你相信罪行严重，而张三深受其害。这便是真实的意见。张三的确遭受了袭击。

可是你真的知道他被袭击吗？这种担心乍一听上去非常奇怪，因为你已掌握最有力的证据。但你不妨再细想一下：此间是法庭，张三正提出指控，被指袭击他的人准备提出反驳。你能否确信，你之所以深信不疑，是因为张三说了实话，还是因为他描述这桩案子的方式说服了你？如果是由于后者，那你可要当心了。因为即使张三没有说实话，你还是可能照样相信他。另外，就算他说了实话，他的证据足以证明他被人袭击了吗？也许这都是精心设计好的圈套，毕竟你本人没在现场，没有亲自目睹事件的经过。因此我们自然也可以得出这样一种结论：你其实并不知道张三被人打了，你只是有一种真实的意见，而没有确定的理由怀疑其真实性。

《泰阿泰德篇》

《泰阿泰德篇》是柏拉图引人入胜的一篇对话，也是颇令人费解的一篇。苏格拉底称自己像他母亲一样是一名接生婆：他把思想从人们心中接引出来，随后检验这些思想是否经得起理性的推敲。关于什么是知识，他不愿发表自己的意见（但可以看出他熟谙其他哲人的著作），他只是逐一批驳了年轻的泰阿泰德所提出的关于什么是知识的各种论断。泰阿泰德认为如果你真正“知道”某事，便不会出错，因此他提出“知”乃是“觉察”，后又提出真知乃是真见，后又补充，有真见而且能够证明或“给个说法”。所有这些说法都不能成立。对话结束之时，我们一片茫然，唯独清醒地意识到我们并无能力充分定义“知”。苏格拉底执意破除他人的妄见，而从不自己立说，因此这篇对话成为柏拉图传统中一篇关键作品。柏拉图给后人的启示在于，寻求真理的方法在于质疑那些自认为掌握真理者（这是苏格拉底在对话中的一贯做法），而不用自己下哲学论断。其他人注意到，在其他对话中柏拉图对“知”的本性有明确、大胆的论断，因此他们便认为柏拉图在《泰阿泰德篇》中清除掉的，只是那些错误的知识论。在这篇对话中，苏格拉底是其他人思想的接生婆，没有自己的“孩子”，这与其他对话中（比如《理想国》）信心十足、放言高论的苏格拉底十分不同。读者对此必须有自己的判断（第三章中我们会讨论古人和今人对此问题的解答）。

在《泰阿泰德篇》中，柏拉图提出上述问题。年轻的泰阿泰德问道：若不是真见，那么知识究竟为何物？无论如何，若你有真见，你便不会出错。但泰阿泰德在和苏格拉底谈话（关于苏格拉底第二章还会谈到），年长的苏格拉底如往常一样，发现了问题。在公开场合劝说别人是可以通过娴熟的技巧来完成的。他指的是律师需具备的技巧，只是在当时的社会制度中还没有职业律师。受害者必须要作陈词，而许多人往往花钱雇专职的讼师，因为他们要说服的不是12人的陪审团，而是由501人组成的陪审团。

如何引证柏拉图著作

1578年，出版商亨利·艾蒂安（Henri Etienne，他的姓氏拉丁文拼写方式为Stephanus）在巴黎首次印刷出版了柏拉图著作集。新兴的印刷术使更多人得以阅读柏拉图，而且人们第一次可以准确地引证对话录中的具体段落，因为大家用的是有相同页码标记的本子。我们至今仍然用这一本的页码来引用柏拉图（比如说，200就代表Stephanus本上面的第200页），再加上从a到e的5个字母将同一页从上到下划分成5个部分。在大多数柏拉图原文和译本上，页边空白处都印有“Stephanus页码”。不管读者看到的本子是怎样编排的页码，一提到“200e”，大家就能很方便找到原文中相应的段落。

苏格拉底继续说：

苏格拉底：他们不以其术教导，以其术驰辩而说服，使人依其意旨而成见。你想有如此高明的教师，在几个滴漏的时间，能把被劫财物或遭其他横暴者的真相，充分指教当时不在现场目睹的人？

泰阿泰德：我想他们断不能教导，只能驰辩以说服。

苏格拉底：你想，说服人是否使人持某种意见？

泰阿泰德：可不是？

苏格拉底：关于非目睹不能知的事实，审判官信服公正的诉说、采纳真实的意见、凭耳目而判决，判决虽确，毕竟非凭知识，乃由于被正确地说服；是不是？

泰阿泰德：完全是的。

苏格拉底：朋友，在法庭上，真实的意见若与知识为同物，第一流的审判官决不能缺知识而有真实意见以作正确判断；今则二者显得各异。

（《泰阿泰德篇》201a-c）[1]

这点听上去令人信服，也许显得再明显不过了。但是，就像陪审团一样，我们也可以问一问：我们是否应该确信无疑？为什么陪审团不能知道张三遭到抢劫？

知识的必备条件

柏拉图称陪审团尚不具备知识，理由之一在于，他们被某人说动，而此人的目的就是要使陪审团相信自己的话。就这个案子而言，他已说服他们相信了事实真相，但我们也可以这样想，即使他讲了不实之词，他同样有能力使陪审团相信他的话。乍一看去，这种担心实属杞人忧

1 中译文用严群的译文，见《泰阿泰德·智术之师》（商务印书馆，1963年），页103-104。译文略加改动，以与全文呼应。

天：如果你已通过某种方式获得了真实的意见，为什么还要担心别人会以同样方式劝说你接受虚假的意见呢？没有发生之事如何能让你怀疑已经发生之事呢？其实，对劝诱有所怀疑，不无道理。因为遭怀疑的是获得意见的途径。如果沿着这条途径，我既能获取正确意见，又能获取错误意见，那么它便不能保证我只能获得正确意见。大多数人会怀疑，通过这一途径所获的意见是否就是知识。

这段话中提出的另一个理由是，陪审团被说服而认可的事实（就是指张三遭抢），若你不在现场，没有目击全过程，你便不可能有确定的知识。就算我们相信张三说了实话，我们现有的只是间接叙述，与张三自己获知的途径完全不同。他亲历、目睹了抢劫过程；我们只是道听途说而已。就算讲得天花乱坠，也不过是如说书一般。只有在场目击者才能有确定的知识。这点听上去有点牵强。如果知识仅仅限于直接经验到的第一手材料，那么我们能知道的便极其有限，因为我们间接读到、听到的便不能算作真正的知识。但这里涉及一非常重要的思想：他人绝不能替你或为你获得事物的知识。所谓知识，一定是你个人获得相关的意见。至于到底什么是自家获得意见，这要视意见的性质而定，但就张三被抢一事来说，若要自己获得见解、不假他求，那唯一的途径便是在现场亲眼目睹。

留给我们的问题

柏拉图给了我们两个理由，来证明陪审团的真实意见不能等同于知识。这两个理由都很有道理，但二者有何联系？劝诱他人带来一个问题：这一途径不能保证我们从别人那里获取的意见为真。若这一问题成立，则意味着一定会找到同样的途径能够确保我们获得真知。苏格拉底抱怨说，受害者要说服陪审团，但发言的时间太短，而且法庭上感情因素太多，不能使陪审员所获的意见接近真知。这样的抱怨并非无的放矢，它说明我们能找到某种获得意见的方式来克服上述不利因素，比如没有时间限制，比如每一位陪审员都能没有任何顾虑、充分盘问证人和受害者。如此说来，我们似乎可以假定，存在一种传达意见的方式等同于真知，只是这决不是劝诱。

第二点说明：任何传达意见的方式，不管多么小心多么审慎，都不能等同于知识，因为任何得自他人的意见都是间接的，都是你不曾真正知道的，因为那不是你自己亲身获得的真知。依赖他人的见证，不管这见证多么真实，永远也不同于自己亲身体验。

问题在于：第二点反对意见似乎与第一点矛盾。第二点认为，知识不能被传达，必须由每个人独立获得。但第一点虽质疑劝诱这种方式，却似乎暗示：有可能存在一种从他人处获得意见的方式，可以等同于知识，因此知识便是可以传达的。

读者参与

到此地步，读者必须仔细想想这段话，她[1]必须想想柏拉图的用意所在。最简单化的回答是：柏拉图让苏格拉底表述了相互矛盾的知识论，因为柏拉图本人也是稀里糊涂，没有意识到他要求知识既可以传达、又不可传达。读者若不体察柏拉图的用心，便无须再深究了。

1 本书作者为女性，因此书中凡用单数第三人称作为泛指的时候，作者一律用“她”(she)。译者尊重作者的女权主义立场，故译文中一概用“她”字。

但我们还需深思。别忘了，苏格拉底在这篇对话中反复强调，他并没有发表一己之见解，而只是驳斥他人的谬说。泰阿泰德提出，真实的意见可以等同于知识，而苏格拉底对此提出两点反驳，有力地批驳了泰阿泰德的看法。难道我们会认为，作者柏拉图竟然丝毫未察觉到这两点反驳之间相互抵牾么？我们不应作如是观。（我们也可以认为作者早已看出这其间的矛盾，而且他笔下的苏格拉底对此矛盾也了然于胸。当然这是一个更深层的问题，读者不必同意我的看法。）《泰阿泰德篇》中的论辩深奥而微妙，因此比较合理的解释是，柏拉图自己深明这两条反驳之间的关联如何。

为何柏拉图并未觉得有何不妥呢？此处我们必须认真对待苏格拉底的话，因为他在对话中强调他仅限于驳斥他人的观点。这并不代表他没有自己的主张，而是说对话的重点不在提出这些见解。苏格拉底认为泰阿泰德的观点站不住脚，他提出两点反驳，即使这两点反驳本身相互矛盾，也不能动摇苏格拉底的结论。关键在于，当我们或者柏拉图提出确定的知识论之时，需要意识到这一问题的存在。

在另一部对话《美诺篇》（87b-c）中，我们又发现“知识可以传授”这一论点，这一点被当作定论来接受。

图1 柏拉图头像

但还是在《美诺篇》中，我们发现柏拉图的另一个著名论点——“知识乃是回忆”。苏格拉底和一个男童[1]展开对话，这个男童不懂几何，但苏格拉底带领他完成了一个几何学论证。论证本身很简单，但其中一步让这个男童觉得与直觉相冲突。苏格拉底带领他完成论证之后，说（85c）这个男童现已掌握有关这个题目的真实意见，但“如果有人频繁地以多种方式向他问起这样的事，你知道他最后就会确切地认识到这些东西，如同现在这样明白”[2]。苏格拉底传授的办法是，将证据交给他，最后这个男童能够自行获得正确的知识。这个男童直到自己行动起来，努力理解证据，他才真的获得了知识。这个男童必须自己领会证据，因唯有他自己才能领会。苏格拉底不能替他领会。但苏格拉底可以传授知识，就是说，他可以将证明传达给男童，最终使男童能自己尽力。这样我们就明白，一方面知识可以传授，另一方面知识必须由每个人自己获取。进一步讲，柏拉图称此为“回忆”，因为当男童逐步领会了证明时，柏拉图认为他的灵魂已然回想起在投生之前所拥有

1 这名男童是美诺家的一名随从，王太庆译为“小厮”。
2 译文见王太庆所译《柏拉图对话集》（商务印书馆，2004年），页182。

的知识，也就是在男童出生之前就已获得的知识。当然，从这样的讨论不一定非要得出回忆说的结论，这不过是柏拉图以惊世骇俗的方式来解释论辩的结论而已。

与柏拉图争辩

从很多方面来说，《泰阿泰德篇》中关于陪审团一段能让我们很好地初步了解柏拉图的写作方式。我们立刻发现，必须要注意柏拉图是如何写作对话的，特别要注意在支持自己观点或批驳他人观点时，辩论到底扮演了什么角色。我们还发现读者自己也被带进了辩论中，即使苏格拉底在对话中轻松取胜，她也需要质疑柏拉图的论点。我刚才简单地谈到《美诺篇》中的辩论，这也可以让我们了解柏拉图写作的另一特征。在《泰阿泰德篇》中，柏拉图既主张知识可以传授，又提出知识要求个人的直接经验。如果我们用一个生活中的例子（比如陪审团判案），我们便会发现问题。在《美诺篇》中，我们仍然找到两个观点，但是彼此并无冲突。但是《美诺篇》中的辩论围绕一个几何学论证，这一论证中所涉及的知识与陪审团断案大相径庭。几何学证明乃是明晰、抽象的，远离日常经验，其中自有重要的道理要我们去领会和传授。无怪乎当柏拉图思考“知识”这一概念时，他心目中的“知识”是非常狭义的概念，绝非我们随随便便说的那些寻常知识。如果我们细想断案和几何证明这两例的区别，我们便明白他这样做的用心。在断案的例子中，知识就是指目击犯罪，而《美诺篇》中“理智”这一概念的范围则要窄得多。

柏拉图最知名的理论大概是“理念说”，也就是他关于什么是“真”、我们能知道些什么的那一番宏论。“理念”在《美诺篇》和《泰阿泰德篇》中均没有提及（我们稍后还会讨论），但在这几部作品中我们能找到一些思路，有助于我们理解柏拉图关于理念的论述。

柏拉图的写作方式激发我们与他争论。他还提出了一些大胆的哲学论断，思想之惊世骇俗、表达之新奇壮丽，古往今来，少有人及。（“知识乃是回忆”即是著名一例。）对柏拉图的解读经常过度强调一方面而忽视了其他。有时人们以为他最为关注如何激发读者的兴趣，而对表达明确的思想不以为意。而还有一些时候，人们把他当作大胆、独断、我行我素的理论家，对于辩论毫无兴趣。实际上，柏拉图既钟情于论辩，又爱发奇谈怪论，往往采用微妙精深的方式，让人难以把捉。若能牢记此点，读柏拉图当有所收获。这篇柏拉图导读无意讨论柏拉图思想的方方面面，也不想提供解读柏拉图的秘方，而是想让读者与柏拉图多多亲近，而且若有可能，希望读者日后能对柏拉图自行钻研。

第二章

生平与师承

名字还是绰号?

柏拉图不一定真叫柏拉图。大家可能觉得很奇怪:难道这事还有争议吗?柏拉图流传下来的著作无不冠以“柏拉图”的名字,但在古代传记文献中,却有一派认为“柏拉图”只是广为流传的绰号,而这位哲人的本名应该是阿里斯托克里斯(Aristocles)。这种说法也有一些凭证。柏拉图的祖父名叫阿里斯托克里斯,而依古人惯例,长子可以与祖父同名。只是我们缺少其他旁证,来证明柏拉图确是家中长子。而且“柏拉图”听上去也不大像一个绰号,在当时这是一个颇常见的名字。另外,相关的解释也难以令人信服。比如说,plato(柏拉图)这个字和*platus*很相像,后面这个字意思是“宽”,因此有人认为柏拉图曾是一名肩宽背厚的摔跤手，或者因为他笔法多变、文风很“宽”的缘故。这些不过是臆测而已，我们决不至于断言柏拉图曾改名，或者听任别人给他安上另一个名字。但如何解释关于阿里斯托克里斯的说法呢？我们不知道，也无从断定。这自然令人沮丧。一个人改名字可是人生的一件大事，可是这件事我们却无缘确认。

我们掌握的事关柏拉图的古代文献材料经常让我们陷入这种困境。关于柏拉图的古代传记中有大量故事，如果这些故事都信实可靠，我们自然能获知有关柏拉图个人很多有趣的信息。只是这些故事往往不堪一击。

事实与传闻

柏拉图于公元前427年生于雅典，卒于公元前347年。有关他的家世，我们了解得相当清楚。

柏拉图的家世

柏拉图的父亲阿里斯通（Ariston）和母亲佩里克提奥妮（Perictione）均出自雅典名门世家。柏拉图在其对话《克里底亚篇》中，将其祖先追溯到公元前6世纪的政治家梭伦（Solon）。梭伦在执政期间实施改革，将雅典引向后来的民主制。柏拉图有两个嫡亲兄弟，一个叫格老孔（Glaucon），一个叫阿德曼图(Adeimantus)，都曾出现在其对话《理想国》中。阿里斯通去世后，柏拉图的母亲嫁给了派里兰皮斯（Pyrilampes），此人已有一子，名叫迪默斯（Demos，在柏拉图对话《高尔吉亚篇》中被提及）。柏拉图母亲佩里克提奥妮再婚之后，又生一子，名叫安提封（Antiphon）。柏拉图这位同母异父的弟弟一开始也研习哲学，但很快就失去了兴趣。在《巴门尼德篇》中，正是由安提封来叙述整场对话。柏拉图的继父派里兰皮斯有强烈的民主倾向（他儿子的名字迪默斯在希腊文中就是“人民”的意思）。公元前404年，雅典在旷日持久的伯罗奔尼撒战争中以惨败告终，一群仇视民主制的人士发动了一场政变，建立了三十人政府（史称“三十僭主”）。这三十人当中就有柏拉图母亲佩里克提奥妮的兄弟克里底亚（Critias），及她的侄子卡尔米德(Charmides)，二人都在《卡尔米德篇》中现身。一场内战使柏拉图的家人反目成仇。我们不知道柏拉图自己持何种政治观点，人们一直对此大加猜测。由于苏格拉底是被恢复的民主制政府判处死刑，很有可能柏拉图对民主制怀有敌意。

从很早开始，柏拉图就被视为杰出的哲学家和文学家，关于他自然有种种传闻。但是直到几代人之后，才出现记述柏拉图生平、可以被称为传记的作品。在柏拉图生前，无人留意此点。柏拉图的生平行事，有案可查的已然所剩无几，但是人们已开始关注对话后面的作者本人（如今我们许多人也是如此）。因此我们找到一些柏拉图生平的记述，其中人们往往借助他的生平行迹来解释某篇对话中的某段为何这样写，特别是一些让人摸不着头脑的段落。比如，有人说柏拉图曾去过埃及求法。这种说法并非完全是天方夜谭。实际上，许多古代哲学家据说都去过埃及，特别是在古代晚期[1]曾流行一种学说，认为希腊的智慧实际上来源于更古老的东方诸国。《法律篇》中有一段话也许能说明柏拉图亲眼见过古埃及风格化的艺术（他认为远胜过古希腊标榜创新的艺术），但据此我们还不能贸然下结论。这到底是有助于理解《法律篇》的一条史料，还是从对话这一段中衍生出来的传闻，我们也不得而知。

---

1 所谓“古代晚期”（Late Antiquity）指从所谓“古典时代”（Classical Antiquity）向中世纪过渡的历史阶段，具体起止年代并无统一标准，比较宽泛的说法是上起公元2世纪，下至7世纪（见著名学者Peter Brown的概述，*The World of Late Antiquity* [London: Thames and Hudson Ltd.，1971；Norton Paperback，1989]一书前言）。

图2　古埃及艺术一例。雕塑家乌色维尔（Userwer）的石柱，第十二王朝。

因为我们没有其他可靠的材料来源，所以不能像了解后代哲学家那样了解柏拉图的性格特征。在他的对话中，他从不以自己的声音发话。无论我们对此作何解释，都不能通过稽考其生平来绕过这一问题。我们对他生平的看法无可避免地要受制于他创作的对话。

柏拉图论希腊与埃及艺术

《法律篇》中主要的发言者是一个雅典人，他宣称如今希腊人疯狂地追求创新和新风格。欲救此弊，希腊人必须学习埃及人如何将艺术风格定于一尊，如何不要偏离传统。

雅典人：很早以前，埃及人就认识到我们现在所论的原则，就是说，城邦中年轻人平日所歌所舞应合于规范。埃及人将符合要求的歌曲和动作开列出来，展示于宗庙之中。明令禁止画家和其他工匠革新和创造任何不合传统的东西。即使现在，这项禁令对于画家、工匠、以及一般艺术都依然有效。如果你留意的话，会发现一万年前（我丝毫也不夸张）的绘画或雕塑与现在的艺术品相比，并无二致，而且技法也相同。

克莱尼阿斯（Cleinias）：真是不可思议。

雅典人：其实不过是立法者与政治家别具匠心的创制而已。

（《法律篇》656d-657a）[1]

1 根据作者英译文译出。

这段话中有些地方显示柏拉图曾见过埃及艺术，有些地方则显示他不曾见到过。但不管怎样，都不会影响他的观点：在艺术领域，固定的程式化风格优于对传统的发展和创新。

不同的解释

几乎与柏拉图同时代，关于他的身世有两种不同的解释。他的外甥斯佩乌希普斯[1]，柏拉图一派哲学的继任者，就认为柏拉图真正的父亲不是阿里斯通，而是日神阿波罗。随即便有一整套传说流传开来：柏拉图生于阿波罗的诞辰日；一群蜜蜂飞来，停在婴儿的嘴唇上；苏格拉底在遇到柏拉图之前梦见一只天鹅，而天鹅正是阿波罗的神鸟。把柏拉图看成是个半人半神的人物，这在我们现代人看来是荒诞离奇、不足为信的，而古人对此则习以为常，很多古代的名门大户都自称是诸神的后裔。翻译成现代语言，这等于说柏拉图是一个天才，一个出类拔萃、才智超群的人，完全超越他所生活的历史环境。关于哲学家毕达哥拉斯（Pythagoras），后来也有

1　斯佩乌希普斯（Speusippus，约公元前407—前339），柏拉图的外甥，继柏拉图之后执掌雅典的学园。据后人记述，他的著作卷帙浩繁，今只存一些残篇。

图3　古希腊艺术一例。刻有戴克西琉斯（Dexileos）像的纪功碑，公元前4世纪。

类似的传说。人们认为柏拉图超凡脱俗，是因为其哲学体大思精。若以这种方式看待他，那么最重要的莫过于那些宏大的论断，而他求道过程中的具体论辩和思想，倒反在其次了。尤其在古代晚期，柏拉图被视为超拔于凡人之上的思想巨人，一位有超人智慧的圣哲。在柏拉图著作中（特别是《蒂迈欧篇》）不难找到相关的段落，刺激了类似传说的形成。

与上述“阿波罗之子”传说迥然不同的是另一派的说法，主要在所谓的“第七书”中。在柏拉图流传下来的著作当中，有十三篇据称是他写给多人的书简。这十三篇中，绝大部分都是晚出的作品，但第七和第八篇当中没有明显与时代不合的细节。“第七书”当中包括一部分所谓的柏拉图自传，叙述其早年政治上的幻灭，以及后来几次秘密造访位于西西里岛上的叙拉古城邦，力图游说城邦僭主狄奥尼西奥斯二世（Dionysius II）采纳更合理的政治制度。古人大都将这封信视为真作，以此阐明柏拉图何以对政治哲学采取如此理想化的处理。在19世纪和20世纪，更有人根据此信断定柏拉图哲学真正的原动力乃是政治。但是此说能否成立，还要视这封书信的真伪而定。无论如何，若认为柏拉图在这封信中袒露心扉，披露了个人经历，这都是错误的见解。这其实是一篇文辞丰赡的文学作品，旨在为柏拉图和狄奥尼西奥斯的对手狄翁（Dion）辩护。我们手上的只是一面之词。

对现代学者而言，这种“政治化”的解释自然要比“阿波罗之子”的解释显得更可信，也更具吸引力，而且这种解释已流行了多年。前者认为柏拉图哲学自有其政治用心，后者则认为柏拉图哲学是超凡天才（甚至是一位神）的产物，两相对照，前者更贴近于我们的思维方式。但是我们不可遽然断定这第七封书信向我们揭示了对话后面的、“真实的”柏拉图，而他自己的外甥却大错特错。对柏拉图的解释一向有争议，很有可能在他去世之前争议便已兴起。

苏格拉底与学园派

研究柏拉图，有两点我们基本上可以确定。一点是雅典人苏格拉底对他产生了重大影响，另一点是他建立了“学园派”，西方第一个哲学学派。

苏格拉底认为自己在追寻真理，但他追寻真理的方法却是全新的。他拒绝建立玄远的学说，不写哲学论文，也不写任何有关哲学的著作，他追寻真理的方式只是和一个又一个人谈话，迫使他们意识到首要的工作是真正理解所谈的话题。苏格拉底坚持认为，只有先充分理解我们未经深思便接受的那些观念——比如勇气、正义、其他美德、何谓高尚的生活、何谓真正的理解等等，哲学方能实现更高远的目标。这一点对柏拉图产生了深远的影响。苏格拉底将哲学生活看作持续不断的探究和思索，而探究的对象无外乎他人和自己所持的信念。苏格拉底力主不断的探究胜过僵死的信条，寻求理解胜过耸人听闻的论断，这对柏拉图触动极深。苏格拉底还认为，哲学生活当是严肃的生活，在生死攸关之际，宁可一死也不能放弃自己的主张。柏拉图对苏格拉底礼敬有加，自己所作哲学对话中，苏格拉底是大部分对话的主角，唯有《法律篇》中苏格拉底从头到尾都没有出现。柏拉图从不自己发话，而总是描写苏格拉底，将他视作一位不断找寻真理的哲人。

苏格拉底

苏格拉底约生于公元前468年，卒于前399年。其父为石匠，其母为接生婆。他的妻子臧蒂普（Xanthippe）[1]出于贵族之家。苏格拉底一度有财力作为重甲步兵[2]在军中服役，但晚年非常穷困。在《申辩篇》中，柏拉图笔下的苏格拉底说，正是因为他全心奉献给哲学，无心留意俗务，才变得穷困潦倒。他有三个儿子。在后来的记载中，人们说他还有另外一个妻子，名叫米尔托（Myrto）。

苏格拉底在公元前399年受审，后被处死，当时正值民主制刚刚恢复。人们常常怀疑他之所以遭人嫉恨，是因他与推翻民主制的人互有往还，但是实际的历史情形已不可考。他被判有罪，罪名是引入新神和诱惑年轻人，这两项罪名听上去多少有些隐约其词。第一项指控很可能与苏格拉底的“神灵”[3]有关，此种神灵经常阻止他做想做的事情。

苏格拉底很快便成为哲人的象征和代表，终生献身于哲学探究，甘心为哲学赴死。许多不同哲学学派也假托苏格拉底为本派开山鼻祖。苏格拉底未留下任何著述，而每一派都在他身上发现了符合自己的思想或方法。他饱受争议，有

1 这是严群的译法，王太庆译作克桑替贝，还有人译作桑提婆。

2 所谓“重甲步兵”（hoplites）指希腊城邦的公民，虽无财力养马，不能充任骑兵，但其财产足以购置全副盔甲，便可在军中作为重甲步兵服役。所需全套装备包括头盔、胸甲、胫甲、铜制盾牌、铁制短剑，以及用于进攻的长矛。

3 苏格拉底称有“神灵”（*daimonion*）降临于其心中，尤见《申辩篇》31d（严群中译本，页68）：“你们听我随时随地说过，有神灵降临于我心……从幼年起，就有一种声音降临，每临必阻止我所想做的事，总是退我，从不进我。他反对我从事政治。……”又见《游叙弗伦》3b（严群中译本，页13）：“我了解了，苏格拉底，因为你说神时常降临告诫于你……”。

人奉之若神明，也有人疾之若寇仇。喜剧作家阿里斯托芬（Aristophanes）曾作一剧讽刺苏格拉底，题名为《云》。即使在死后，苏格拉底也不断遭受攻击。许多友人写下为苏格拉底辩护的作品。我们目前还保存他的两位追随者埃斯基涅斯[1]和安提西尼斯的著作片断，这两个人与另一位追随者阿里斯提普斯后来均开创了不同的哲学流派。但是关于苏格拉底其人，我们主要的文献来源是色诺芬（Xenophon）和柏拉图。二人当中究竟谁对苏格拉底的描述更真实，人们一直争论不休，其实这种争论徒劳无益。从最开始，苏格拉底的形象便极具包容性，截然不同的思想都可以投射到他身上，因此色诺芬笔下自有色诺芬的苏格拉底，柏拉图笔下也有柏拉图的苏格拉底，其间的差异只体现色诺芬和柏拉图二人思想的不同而已。在柏拉图对话中，柏拉图本人从不在对话中现身。苏格拉底通常是主角，而对话本身有时是直接对话，有时是由别人或苏格拉底转述。在不同对话中，柏拉图笔下的苏格拉底也是大相径庭。他有时锲而不舍地质问他人的论点，有时信心十足地给出最终结论，有时则只是一名旁观者。柏拉图深受苏格拉底启发，并将其视为哲人之典范，但是哲学的使命与方法究竟如何，柏拉图自己的看法也经常改变，因此苏格拉底

1　埃斯基涅斯（Aeschines），公元前4世纪雅典人，苏格拉底忠实的追随者，在苏格拉底受审和临刑时均在场。曾作多部苏格拉底对话录（今轶），据说忠实再现了苏格拉底的性情和谈锋。安提西尼斯（Antisthenes，约公元前445—前360），也是苏格拉底的忠实弟子（可见色诺芬《会饮篇》8.4及《回忆录》3.11.17）。一般被认为是犬儒学派的创立者，对最著名的犬儒哲学家第欧根尼，以及对后来的斯多葛学派均有影响。曾作多部对话录，也曾解说荷马史诗。阿里斯提普斯（Aristippus，生卒年月不详，比柏拉图稍长），苏格拉底的朋友。据说建立昔兰尼学派（Cyrenaicism），提倡享乐主义伦理原则。也有一说，认为 该派是由其同名的外孙所创。

在不同对话中的形象也是千差万别。在苏格拉底发话较少的对话中，柏拉图已经不再拘泥于苏格拉底本人所代表的哲学观点。而在以苏格拉底为主角的对话中，我们不妨认为柏拉图展现了他所领悟的苏格拉底的不同侧面，而不必追问柏拉图笔下的苏格拉底是忠实于所谓“真实”的苏格拉底，还是背离了历史原型。

虽然我们不能确定具体年代，但我们知道，柏拉图在生命的某个阶段作了两个重大的抉择。他放弃了家庭和结婚生子的公民义务。（柏拉图没有结婚，现代读者不会觉得惊讶，因为他的著作带有明显的同性恋倾向。但在古代雅典，结婚是使家庭和城邦得以延续而必须要尽的一项义务，与个人的性取向没有关系。柏拉图选择独身，便是放弃繁衍子嗣，这在当时社会看来是重大的个人损失。）他还创建了第一个哲学学派，称之为“学园派”，因聚徒讲学的运动场[1]而得名。

我们对学园的组织结构所知甚少，每一代学人都认为

1 希腊文*gymnasium*一词指通常位于城墙之外的运动场，对所有公民开放。因希腊青年裸身在其中锻炼体魄，因此旅美学者刘皓明先生将其译为“裸斗场”。Academy本是雅典郊外的一处运动场，因希腊英雄阿卡德谟斯（Academus）得名。柏拉图在此建立自己的学校，直到公元529年这座学园才被迫关闭。

图4　苏格拉底半身像

学园具有一些他们各自的大学制度的结构特征。亚里士多德在学园中盘桓了20年，据说在里面教过书，但我们最好把他看作是一名高年级研究生或者年轻教员。但我们别忘了，学园一直是一座公共运动场，因此柏拉图的学校不可能具备现代大学的许多体制特征。柏拉图不收学费，但只有衣食无忧、愿意花时间研究哲学的富家子弟才有能力长期在此就学。有一次柏拉图登坛开讲，讲授“善”，但讲课效果很不好。听众以为讲授的是良善的生活，而柏拉图却大谈数学。还有一部讽刺作品，讽刺学园的学生给一种蔬菜下精确的定义。但总体来说，我们得到的印象是，学园是集中讨论的场所，这意味着学生并非去那里学习柏拉图派理论。也许“学生”一词是个误称，因为这第一所高等学府不授学位，不打分数，不颁证书，也不给教职。

在哲学上开宗立派与柏拉图所笃信的苏格拉底精神是有冲突的。苏格拉底拒斥所有带有学院气的哲学。但是我们将看到，柏拉图笔下的苏格拉底，虽以探究的方式寻求真理，却不完全排斥个人确定的见解。来学园求学的人也不必附和柏拉图的意见。柏拉图最好的学生亚里士多德，以及学园后来的两位掌门都与柏拉图的见解大相径庭。因此学园是一所学习如何进行哲学思考的学校，在这个意义上也可以说延续了苏格拉底的传统。

但是在有一方面，我们可以说柏拉图不复遵从苏格拉底。苏格拉底对同时代盛行的宇宙本源论没有兴趣，转而关注如何生活的伦理问题。柏拉图在古代被当作第一位系统的哲学家，他最先将哲学视为研究后世称为逻辑学、物理学和伦理学这些学问的独特途径。如果我们将对话作整体的考察，我们的确可以发现柏拉图关注的问题十分广泛，而且很有系统。所谓有系统是指柏拉图持续不断地关注一系列问题，而不仅仅提出一套周密的教条。古代和后代都有人将柏拉图思想进一步系统化，建立一套理论体系，也就是一般所称的“柏拉图主义”，但柏拉图本人从未这样做过。他留给我们的只是这些对话，至于从中抽取其思想、构建一个体系，就是我们自己的事了。

哲学是一门与众不同的学问，自有一套单独的研究方法，与修辞学和诗歌等其他学问判然分明。柏拉图是第一位持这种观点的思想家。有时人们会说柏拉图创造了哲学，这是因为他坚持哲学与其他思想形式截然不同，而且他似乎最先使用“哲学”一词来定义他心目中的哲学，这个词的本意是“热爱智慧”。他肯定是哲学这门学科的创始人，他认为哲学是思索一系列广泛问题的独特方式。今天在学校里老师所教、学生所学的仍然是这种意义上的哲学。

第三章

柏拉图解读法

理论与实践

柏拉图多次特意强调，哲学乃是以辩论求真理。哲学的最佳方法他常常称之为“辩证法”[1]，在不同时期他对此有不同认识，但有一点他从未让步：哲学自有与众不同的更高目的，有更严格的方法，胜过其他与之争竞的文化活动。在《理想国》结尾处，他说哲学与诗歌之间一直存在冲突（这里的“诗歌”指公开表演的戏剧和史诗，非指个人关起门来阅读的短诗）。在《高尔吉亚篇》和《费德罗篇》中，他以不同方式表现了哲学与修辞术之间的激烈对抗。哲学之鹄的唯在真理，而一味说服他人、不顾真伪，这绝非哲学，在意图和方法上都令人生疑。（请回想一下

1 这是对dialectic一词常用的译法，指通过问答方式讨论哲学问题。

第一章中断案的例子。）并不是说在哲学和其他思想活动之间原已存在尽人皆知的区别，然后柏拉图加以说明。相反，恰恰是柏拉图明确了这其间的区别，他率先提出哲学自有其目标与方法，哲学有明确的、与众不同的研究题目，我们应当将哲学与其他思想形式划分清楚。很少有哲人像柏拉图一样区分什么是严格的哲学方法，什么是以劝诱方式左右他人的伎俩。同时，柏拉图又是最具“文学色彩”的哲人，最易于为普通读者接受，因为他的作品（至少有一部分对话）引人入胜，可读性很强。有一些著作与其说是哲学名著，还不如说是文学经典。即使是不那么文采飞扬的作品，里面也充满了隐喻、笑料和其他引人注目之处。

柏拉图著作最显著的一个特点，在于它们都以戏剧形式写成，要么是两人或多人之间的对话，要么便是独白，而独白经常是转述他人的对话。很多作品刻画对话者的性格栩栩如生，布局谋篇别具匠心，非常巧妙地吸引读者的注意。若与大多数哲人艰深晦涩、学究气十足的著作相比，不啻有天壤之别。不过，柏拉图一向反对凭借口舌之利劝诱他人，原因在于这些人引诱读者接受其结论，从不依靠辩论和思辨的力量。可柏拉图这些“文学”技巧岂不也在他的批评之列？这样一位文学巨匠怎么可能反对文学呢？这岂不等于太阿倒持吗？

苏格拉底的“伪装”

苏格拉底正在和埃里斯的希比阿（Hippias）谈话，后者是四处云游的“智术之师”，他标榜为职业的“智者”，收费授徒，讲授修辞术，还亲自负责公众事务。苏格拉底问希比阿：何以以往的智者都不是显达之士？

希比阿：你怎么想呢，苏格拉底？还不是因为他们无能，不会把他们的智慧运用于个人和国家？所以在这两方面他们均无建树。

苏格拉底：对呀，其他的技艺都有进步，与现代工匠相比，古人简直一钱不值。我们能否这样说：你这门技艺，你的诡辩术，也同样进步？与你相比，那些以智慧为业的古人也是一钱不值呢？

希比阿：是的，你说的没错！……

苏格拉底：……早先的思想家以为，在所有人面前公开展露自己的智慧，然后收取费用，这样做是错误的。他们的头脑真是简单，他们居然不知道钱是多么重要。但你提到的现代人［指高尔吉亚（Gorgias）和普罗迪库斯（Prodicus）］，每个人靠自己的智慧挣了大钱，超过任何一个工匠。在他们之前，还有普罗泰戈拉（Protagoras），早就这样做了。

希比阿：苏格拉底，你根本不知道这样有多棒。如果你知道我已经挣了多少钱，你肯定要吓坏了！……我敢肯定，你随便举两个智术师，我一个人挣的钱绝对超过他们的总和！
苏格拉底：希比阿，你说的真好！这恰恰体现了你的智慧，也显示出今人和古人的不同。

（《大希比阿篇》281d-283b）[1]

希比阿以为苏格拉底在夸他。可是读者却看出苏格拉底认为智术应当求真理，蔑视以智术牟利的做法，故而对希比阿可以说是嗤之以鼻。这就是所谓苏格拉底的“伪装”，在他的谈话对手听起来是一个意思，而读者却明白这不是苏格拉底的真意。这种方法并不永远奏效，但却使柏拉图著作中很多段落生动、引人发笑。

柏拉图著作

古代哲人的著作很难保存，但我们可以很放心地说：柏拉图所有“发表”的著作我们都有，包括一部未完稿（《克里底亚篇》）和几部在柏拉图谢世之后才归入他名下的短著。这几篇短著的文风和词藻均带有后代特征，我们用*来表示。而有可能出自柏拉图之手、但仍存疑的作品，我们用+表示。
由于没有外证，我们无法确定柏拉图写作对话的顺序（只有《法律篇》似乎在他去世时尚未完成）。古人也没有一种权威的意见，来规定应按何种顺序传授这些对话，或者应按何种

1　据作者英译文译出。

顺序从对话中归纳出“柏拉图哲学”来。一切都依靠读者的兴趣、聪明才智以及思想深度。

下列对话录顺序是由特雷西鲁斯[1]制定的，他是柏拉图派的哲学家，也是提比略皇帝（the Emperor Tiberius）的星象师。他将对话每4篇分为1组，理由如何，并不十分清楚。柏拉图著作很多版本都采纳他的顺序，包括哈克特（Hackett）版的柏拉图英译本全集。

《游叙弗伦》、《申辩篇》、《克力同篇》、《斐多篇》、《克拉底鲁篇》、《泰阿泰德篇》、《智者篇》、《政治家篇》、《巴门尼德篇》、《费雷波篇》、《会饮篇》、《费德罗篇》、《阿希比亚德上》、《阿希比亚德下》*、《希帕库斯篇》、《恋人篇》+、《泰阿格斯篇》+、《卡尔米德篇》、《拉凯篇》、《吕锡篇》、《欧谛德谟篇》、《普罗泰戈拉篇》、《高尔吉亚篇》、《美诺篇》、《大希比阿篇》、《小希比阿篇》、《伊安篇》、《梅内克塞诺篇》、《克里脱芬篇》、《理想国》、《蒂迈欧篇》、《克里底亚篇》、《米诺篇》*、《法律篇》、《艾皮诺米篇》*、《书信》+、《定义》*、《论正义》*、《论德》*、《德谟多克篇》*、《西叙弗斯篇》*、《埃利希亚篇》*、《阿希欧克篇》*、《格言集》+[2]

1 特雷西鲁斯（Thrasyllus），生年不详，卒于公元36年，以精研星象学闻名于当世。

2 柏拉图著作题目的中译主要采纳《中国大百科全书》哲学卷（中国大百科全书出版社，1987年第一版）的译法，有几篇或依通行译法（如《理想国》），或沿用严群的译法（如《游叙弗伦》、《克力同》等）。

超然与权威

我们可以这样回答上面的问题：柏拉图的确在瓦解自己的哲学活动，系统地批判他所使用的文学形式。也许他毫不知情，根本没有注意到他正用劝诱之术来攻击劝诱活动。也许柏拉图自有一套复杂的思想，旨在颠覆读者的期待。但还有一种解释更简单、也不那么极端，而且与柏拉图的知识论更吻合。

以对话体写作（不管是直接对话还是转述的对话），柏拉图可以将自己的哲学见解与对话角色的见解分开。作者当然隐匿于对话人物之中，因为所有角色都是柏拉图一手创造的。读者读到的是两人或多人之间展开的辩论，她读到的是一场争论，但如何解释此种争论，则要视她的能力而定。作者并不把结论直接交到她手上，也不借重自己的权威来迫使她接受。

这一点有时被人忽略，因为有人从对话中直接抽出柏拉图的思想，仿佛这些观点原本是用论说方式表达的。而另一些人则夸大了对话体带来的问题，他们甚至认为柏拉图本人不持任何明确的意见。既然我们认识到，柏拉图借戏剧化写作方法在所有作品中都与角色所持的观点保持距离，我们就应当分析一下哪些结论不能从这一前提推导出来。

我们不能认为柏拉图就像一个剧作家那样超然。他并没有构建出一个戏剧世界，在其中各个角色你来我往，供我们娱乐。柏拉图的著作提出严肃的问题供读者思考，这些问题旨在吸引读者进行认真的哲学思辨，而不是单纯来欣赏戏剧。因此，柏拉图刻画人物时有轻有重，并不是每个角色都需要我们仔细研究。有些角色面目可憎，有些滑稽可笑，还有一些则暗淡无光。许多对话的主角是苏格拉底，很多时候他被理想化，被描绘成哲学活动的最高体现，与其他生活方式形成对照（当然不同的对话有不同的侧重）。

柏拉图一方面使用对话体，另一方面对论题持有自己的见解（有时将自己的见解通过苏格拉底之口道出），这两方面其实并无冲突。在一些对话中，苏格拉底与另一人争论，此人往往有一技之长，但苏格拉底总能让他明白他对于自己的专长其实一无所知。但苏格拉底并不表达明确的观点，甚至还宣称自己其实也一无所知。但这绝不等于柏拉图自己没有任何主张。柏拉图灵活地处理苏格拉底这个角色，并不是单纯为了表达自己的观点。

柏拉图为何不直抒胸臆？如果他确有自己的见解，如果读者心知肚明，对话中唯有苏格拉底才代表柏拉图的观点，那么以戏剧化形式写作的目的何在？柏拉图为什么不直接站出来，告诉我们他的观点？

柏拉图极不愿意直接陈述自己的见解，不愿意以个人权威迫使读者接受这些观点。他当然知道有很多哲人写下权威性的论著，指点读者当如何思考很多重大问题。柏拉图本人在很多问题上都有明确实在、不易动摇的见解，因此他在西方哲学史上才能独树一帜。但他也视自己为苏格拉底的追随者，别忘了，苏格拉底没有留下任何著作，只是考察其他人的观点，力图让他们自己去领悟。柏拉图也同样想要读者自行领悟道理。我们在第一章讨论断案的例子时已略及此点，在后面考察柏拉图关于知识和理解的理论时，我们还会看得更清楚，读者必须自悟，以领会柏拉图所言何意。柏拉图自信甚深，但他不愿意让读者仅仅因为这些道理出自柏拉图之口就不加思考地接受。

这一点很容易被忽略，因为在一些著名对话中，柏拉图让苏格拉底详述了一些确定的观点，而且信心十足，而他谈话的对象只是附和几句“对，没错”这样的话。我们可能会以为在这些段落中，柏拉图在直抒胸臆，苏格拉底所说就是柏拉图所想。但是柏拉图不能替你思考，你必须身体力行，自己来理解其中的道理。有时读者会得到一些帮助，比如发现苏格拉底的话引起争议，或是被人攻击，或者一段、乃至一整篇对话的意思都晦涩不明。另外，即使对话本身的戏剧效果并不强烈，但柏拉图在形式上与苏格拉底（有时对话的主角是从埃利亚来的访客）所说的话拉开距离，也是非常重要的。即使你弄明白了柏拉图的思想，也不能算大功告成。只有你自己想得清清楚楚，这思想才真正变成你的思想，而不是柏拉图的思想。千万不要因为柏拉图说过如此这般的话，便被动地接受。只有这时你所理解的才完全归你所有。

在一段著名对话中，柏拉图笔下的苏格拉底将自己比作产婆，自己并不生养“孩子”，只为别人接生思想、检验思想。这个比喻并不说明苏格拉底缺少自己的思想，而是表示他将两种活动分开：一种是表达他个人的观点，另一种则是帮助读者自行了悟。柏拉图之所以要以这样一种方式来写作，是因为他也想将两件事情区分开来：展示他自己的思想和让读者自行理解这些思想。论到表达观点之慷慨激昂，没有哪位哲人能与柏拉图争锋。但柏拉图向来认为这与将个人观点强加于读者判然有别。在形式上，读者从未直接接触柏拉图自己的想法。读者看到的只是柏拉图借他人之口、以超然的方式表达的思想。

产婆苏格拉底

苏格拉底的母亲非纳莱特（Phaenarete）是一名接生婆，苏格拉底自称自己也擅长接生术。

这方面我与产婆无异：如她们不生子，我是智慧上不生育的；众人责备我尽发问题，自己却因智慧贫乏，向无答案提出，——责备得对啊。原因在此：神督责我接生，禁止我生育。因此，自己绝不是有智慧的人，并无创获可称心灵的子息；然而，凡与我盘桓者，或其初毫无所知，与我相处日久，个个蒙神的启示，有惊人的进步，自己与他人都觉得。显然，他们不曾从我学到什么，自己内心发现许多好东西，生育许多好子息。神与我只为他们负责接生。

（《泰阿泰德篇》150c-d）[1]

1　严群译，《泰阿泰德·智术文师》（商务印书馆，1963年），页35-36。为读起来更顺畅，个别文字稍有改动。另，我将严群译文中的“上帝”一律改作“神”，因为中文“上帝”一词几乎已为基督教所垄断。

根据类似内容的段落，有人以为柏拉图是怀疑派，不持任何意见。

（《泰阿泰德篇》的某古代注家语）

神为何在《泰阿泰德篇》中让苏格拉底成为别人的产婆，而他自己却不生育？…… 假如一切都无法为人类所理解，那么神自然要禁止苏格拉底生育错误、无根据的伪说，而要逼他检验他人的意见。危害最大者莫过于欺骗和狂妄，若能帮助你摒弃愚妄，这样的辩论便是功德无量。……

这便是苏格拉底的医术，他治疗的不是身体，而是腐烂堕落的灵魂。但假如存在洞达真理的知识，而且亦有真理存在，那么不仅仅发现真理者能拥有真理，从发现者那里学习的人也能拥有真理。但如果你深信还没有得到真理，你倒更有可能得到，然后你便会拥有最好的，就如同你可以领养一个聪颖的孩子而不必自己生养一样。

（普卢塔克[1]《柏拉图解疑之一》）

两种传统

如何阅读柏拉图，古代就有两种解释传统，也就是两种研究柏拉图哲学的方法。最先兴起的一派我们目前已不太熟悉。柏拉图死后，学园的继承者便发展出他们自己的

1 普卢塔克（Plutarch）生于公元50年之前，卒于120年之后。他是古代著名的哲学家和传记作家，以《希腊罗马名人传》流传最广。

形而上学和道德理论。稍后，大约公元前268年左右，当时入主学园的是阿凯西劳斯[1]，他主张回到柏拉图对话中所昭示的论辩方法，因为在对话中苏格拉底总在与人争论，从不陈说或者捍卫自己明确的观点。苏格拉底总是就对方的观点进行论辩，然后指出对方的意见难以成立，而阿凯西劳斯将此方法视为以柏拉图的方式从事哲学思考的关键。柏拉图对于对话中谈论的观点保持一中立的立场，这一点最受阿凯西劳斯推崇，他认为柏拉图著作中那些明确的论断不过是供讨论的观点而已。无论如何，他将柏拉图学派推向古代怀疑主义的方向，就是说，我们应探究、质疑他人观点的论据，而不可只信奉自己一家学说。这种“新学园派”或“怀疑论的学园派”延续了柏拉图学派，教导人们反驳流行的理论教条。直到公元前1世纪这一派才消失。

另一支传统称为“柏拉图主义”，与富有探究精神的学园派相对立，直到柏拉图自己的学校关闭才开始出现。这一派学者认为柏拉图在著作中系统阐发了一整套理论，

1　阿凯西劳斯（Arcesilaus），大约生于公元前316或315年，卒于公元前242或241年。曾执掌雅典学园，否认柏拉图和苏格拉底持有任何确定不变的学说，力主从正反两方面就任何论题作辩论，主张“搁置判断”。

可名之为“柏拉图主义”。这一派感兴趣的是柏拉图那些明确的论断，至于柏拉图坚信可以通过辩论来破除他人的见解，使每个人自行理解他人观点，该派则不以为然。从公元前1世纪到古典时代末期，都有哲学家为柏拉图理论作注疏，旨在帮助读者理解对话的语言、细节和论点。他们也撰写了“柏拉图纲要”一类著作，将柏拉图思想组织成一个哲学体系。这一体系还以古代晚期常用的方式被划分为三种科目：逻辑学（以及认识论）、格致学（以及形而上学）和伦理学（及政治学）。一旦柏拉图思想以这种方式处理，人们便将其对话当作资料库，来确立他关于各种问题的立场。

这第二支传统又被现代学者分为“中期柏拉图主义者”和“新柏拉图主义者”。前者所作大多为中规中矩、学究气十足、枯燥乏味的作品，而后者始于公元3世纪，当时普罗提诺[1]对柏拉图作了全新的阐释，以独特、新颖的方式发展了柏拉图思想。但区分“中期柏拉图主义”和“新柏拉图主义”只是现代人的做法。在古代，根本的

1 普罗提诺（Plotinus），生于公元205年，卒于269或270年，新柏拉图主义创始人，著有《九章集》（*Enneads*）。

区别在于学园派和柏拉图主义的对立。学园派主“怀疑论”，好穷究不舍，从柏拉图那里继承了依对方观点进行辩论的传统，不偏听，不盲从，不随便将柏拉图理论当作颠扑不破的真理。另一支则是柏拉图主义传统，尊奉既定的教条，固执己说，不容争辩，这一派以为真正重要的是柏拉图关于灵魂、宇宙、德性和幸福的具体学说。对后一支的哲人而言，哲学活动就等于忠实地钻研柏拉图的著作，与时迁徙，发展他的理论，或者二者兼而有之。

我们最熟悉的其实是“教条化”的柏拉图主义传统。柏拉图著作有各种版本和译本，有各种注释本，还有解释他思想的学术专著或普及性读物（本书即为一例），我们对此已习以为常。但我们也知道，决不能指望现代哲学家能对柏拉图所讨论过的题目有任何发展。但我们忘了还有另一支传统。柏拉图也许不愿意我们过度关注他的思想本身，他更希望我们认真思考从事哲学的独特方式。这种传统在20世纪虽偶尔出现，但因经常采用怪异、不近人情的方式，所以少有人认真对待。在最近几年中，研究古代哲学的学者对古代辩论方式更为关注，所以这后一支传统又开始引人注意。

这两种传统是否注定是水火难容？有时如此。但它们也有可能共存，相互借鉴。即使你认为柏拉图的魅力在于其灵魂说、理念说、或完美生活的思想，你仍然可以从柏拉图那里学到很多东西，比如不要固执己见、比如以子之矛攻子之盾的手法。即使你认为柏拉图最吸引人的是他对苏格拉底的刻画（苏格拉底永远在追问，从不自诩已然获得知识），找出柏拉图借苏格拉底之口发表的明确观点也不失为一桩趣事。

柏拉图是不是怀疑论者？

柏拉图是不是古代所谓的“怀疑论者”？他心目中的哲学活动是否只限于质疑他人观点，而从不提出已证实的结论？
西塞罗（Cicero）回答“是”。

怀疑论的学园派也称“新学园派”，但我以为也可称作“旧学园派”，将柏拉图归入新派和旧派均无不可。在他著作中找不到确定不变的观点，能找到的是就同一个问题正反两方面的辩论。一切都要被探究，没有确定的结论。

塞克斯都·恩披里克是另一种类型的怀疑论者，他的回答是“否”。

> 有人说柏拉图是独断论者，也有人说他是怀疑论者，还有人说他二者兼而有之（在运动场中，苏格拉底出场时，要不就在与人游戏，要不就在与智者派的人争论。人们说柏拉图以“质疑”而著称。但是当他通过苏格拉底、蒂迈欧或其他人郑重其事地提出论断时，他又是个独断论者……）。我们以为……当柏拉图论到理念、天道、或者德行胜过邪恶的时候，就算他认可这些事果真如此，他所持的也只是意见。如果他坚持认为这些事可能性极大时，他便已然放弃了怀疑论最显著的特征……[1]

多重声音？

“柏拉图有多重声音，而不是众多理论。”这是阿里乌斯·狄迪莫斯[2]的观点。他是擅长笺注的一位古代哲学家，他发现我们读柏拉图对话时会越来越感到困惑，不知道当如何把它们联系起来。即使我们认为在某些对话中，柏拉图可能暂时认同苏格拉底或埃利亚来客所持的观点，我们

1　西塞罗一段话出自《学园派》（*Academica*）卷二，46节。恩披里克一段话出自《怀疑论纲要》卷一，221-223节。（以上是作者在书后所列参考书中注出的。）但查西塞罗文本，此段实出自卷一第46节，作者引证时恐一时失察。塞克斯都·恩披里克（Sextus Empiricus），公元2世纪的怀疑派哲学家，具体生卒年月不详，曾广泛批驳了当时其他学派的观点。以上两段引文据作者英译文译出。

2　阿里乌斯·狄迪莫斯（Arius Didymus）是公元前1世纪亚历山大城的哲学家。

仍然会发现侧重点和角度不同，因而很难判断某一主题到底有多重要。我们还发现对同一主题往往有截然不同的处理方式，而且不同对话中的观点彼此冲突，几乎不可调和。

历史上对这一问题有很多解答。有一种说法认为，柏拉图写作对话的本意在于，每一部作品都自成一体，若要将所有对话放在一起，营造一个理论体系，这便大错特错了。我们很难反驳这个观点，但也很难贯彻这种想法。比如我们读《申辩篇》、《克力同篇》和《高尔吉亚篇》，就不可能认为其中论述“善”和“幸福”的部分毫无关联。而当我们读到《普罗泰戈拉篇》中论幸福的段落，发现与《高尔吉亚篇》中的论述明显矛盾，若仅仅归结为每一篇对话都对同一问题有自己的处理方式，就很难让人满意。有一些思想线索始终贯穿于柏拉图很多对话中，我们自然跃跃欲试，想把这些思想整合在一起。

但是，在这些思想中我们能发现何种统一性？有些解释者发现柏拉图思想高度一致，但是对于不同对话中的不同讨论方式，他们或避而不谈或有意贬低。古代柏拉图主义者便代表这种倾向。这一派最极端的做法是将所谓“柏拉图主义”看作一成不变、铁板一块的一套思想，先已存在于柏拉图心中，至于这些思想在对话中是如何表达和呈现的、柏拉图的论辩是如何展开的，这些因素都对这些思想毫无影响。坚持这种意见的人损害了柏拉图的名声，好像柏拉图只醉心于教条而不管辩论。到了20世纪，大家越发关注对话中论辩的细节，逐渐接受这样的看法：柏拉图不止一次返回到同一个思想，每次处理方式均有不同。直到不久以前，学术界还普遍接受一种进化的模式，认为柏拉图的著作体现了他思想的“发展”。具体说来，早期对话里苏格拉底只辩论不给出结论，到了所谓“中期”和“晚期”对话，柏拉图便直接表达自己的思想。这种观点的前提颇为可疑，比如柏拉图的生平、著作的准确年代不易确定，而苏格拉底是否仅仅是柏拉图的传声筒，也未可知。这种方法如今已遭到怀疑。虽然用这种方法可以解释一些问题，比如为何有明显矛盾的段落等等，但实际上还有其他解决办法。

柏拉图的思想也许是或松或紧地连缀在一起，也可以说是或多或少以独断的方式提出的。许多强调教条的柏拉图主义者不明了柏拉图何以拒绝直接表明个人态度，他们也损害了柏拉图的声誉，好像柏拉图只是在利用苏格拉底或者埃利亚来客，把他们当作自己发号施令的传声筒。柏拉图拒绝提出武断的学说，这一点我们应该予以尊重，但这不影响我们对他思想产生兴趣。很多人觉得，在通读对话过程中，他们一点一滴地积累，慢慢感觉到一整套清晰的思想。他们还认识到，柏拉图每一次陈述这些想法，都不是最终的定论。

虚构、神话、哲学

哲人以求真理为要务，故不会需要那些我们称之为虚构的东西，因为我们明知故事为假，却还要以此为娱乐。柏拉图更进一步，他对当时盛行的虚构故事，主要指公开上演的戏剧和诵诗，深恶痛绝，这是尽人皆知的。他了解这些叙事作品影响巨大，能决定我们对自我和社会的认识。他强烈反对人们不假思索就用这些强有力的叙事形式来传播传统思想，这会贻害无穷。尤其在《理想国》中，柏拉图指出，传统教育给人们灌输的是诸多妄见，包括对神的信念、以及如何过正当的生活。[1]荷马史诗和古代戏剧

1 主要见《理想国》卷二和卷三，376e-398b。

故事（相当于现代社会中的大众娱乐）美化了武士社会的价值观，根本不适用于公民社会中的人，因为公民社会中的人必须与他人协同合作。

我们称之为创造力和想象力的东西，如果轻率地用于微不足道或有害的事业，这是柏拉图所深恶痛绝的。但我们已经说过，他自己却是极富创造力和想象力的作家，而且自己深明这一点。他致力于哲学研究，探索真理，这从两方面改变了他对自己文学才能的态度。

首先，他认为这些才能的作用非常有限。他的一些对话加入了哲学以外的东西，但他并不希望我们就此裹足不前。即便在那些容易理解、引人入胜的对话里，柏拉图也总是明确告诉我们：哲学要不断地争论、审视、检验不同的意见，至于我们的想象力是否能得到满足，则无关紧要。

另外，柏拉图认为，想象力和创造性没有自身独立的价值，他只是利用它们来追求他心目中的正确观点。他有一个广为人知的看法，深受历代清教徒喜爱，那就是他认为并不存在完全无害的娱乐。对于柏拉图来说，一个好故事的价值在于能鼓励我们想到、并能深思崇高的价值。反之，如果听任我们接受本文化中那些未经怀疑的价值观，这便是于人有害的故事。

因此，柏拉图在其作品中大量运用传统形式，比如故事、生动的形象、还有神话，也就是那些涉及超自然的故事。但是故事的内容已被彻底改造，尤其在神话方面，当时人们普遍接受多神论，认为诸神干预人事，但相互之间漠不关心或彼此仇视。柏拉图抛弃了这种观念，代之以一神论的思想，并认为神只产生善。在《高尔吉亚篇》、《斐多篇》、《理想国》、《费德罗篇》和《政治家篇》等对话中，柏拉图都使用了复杂的神话，他把神话当作文学素材，强化了对话中辩论的观点。

柏拉图著作中，传播最广、影响最大的是大西岛[1]的故事，这不免让人莞尔。这篇未写完的故事载于其《蒂迈欧篇》的开篇和《克里底亚篇》的残稿中。他先描写了古代雅典的理想政体，面临大西岛的入侵。大西岛位于希腊世界西边，是一个富庶的国家，拥有高度发达的文明。该岛原本也是一完美的政体，但因自身缺陷，导致其向外谋

1 大西岛（Atlantis），或音译为“亚特兰提斯”。

求武力扩张。单单这个故事的开头就已开启了乌托邦文学的先河，也影响了传奇、动作片，以及描写神秘外来者威胁地球文明的科幻电影。（这些作品与柏拉图的著作相比，要显得粗糙许多，因为柏拉图并没有让读者轻易地将自己视为“好人”，也没有皆大欢喜的结局。）

最有趣的是，柏拉图让叙述者在讲故事之前加了一个长长的引子，称此故事得自古埃及的祭司，因这些祭司保存的记录比希腊人远为古老。叙述者称，希腊文明屡遭毁灭，又屡次振兴，因此希腊人已不知本国历史。这一说法吸引了很多人决意发掘被掩盖的历史真相。有人业已在很多地方“发现”了“真实”的大西岛，比如在地中海、塞拉岛[1]和特洛伊遗址，在地中海以西，在史前的不列颠，在爱尔兰、丹麦、南美洲、尤卡坦[2]、巴哈马群岛、北美洲，或者是已经沉入大西洋的一片大陆。人们前仆后继，不断寻找大西岛，这显示了阅读柏拉图的危险，因为他明显使用了典型的虚构手法：先强调某一事件确有其事，再

1 塞拉岛（Thera）是古希腊岛屿城市，位于爱琴海中，今名Thira，传说即为亚特兰提斯。

2 尤卡坦半岛（the Yucatan），位于中美洲北部、墨西哥东南部的半岛，是古玛雅文化的摇篮之一。

称此乃无名的权威人士所发现，实际用以说明后面的记述不过是文学虚构而已。关键在于，我们应当借这个故事来思考我们现今关于政府和权力的观念。如果我们不去深思这些问题，而去从事海底探险，那便大错特错了。人们不断将柏拉图错当成历史学家，我们也由此可以看到他不信任文学写作，或许自有其道理。

图5 儒勒·凡尔纳（Jules Verne）于1870年出版的《海底两万里》中，尼默船长（Captain Nemo）潜艇上的旅行者发现大西岛海底遗址被海底火山照亮。大西岛在19世纪晚期和20世纪的科幻小说和电影（包括一部迪斯尼动画片）中，被描绘为一座海底城市，有时还有居民居住。来自现代文明的勇敢的探险家们重新发现了这座古城。

第四章

爱欲与哲学

片面理解柏拉图

圣·奥古斯丁（Saint Augustine）曾说过，柏拉图在古代异教哲人中最接近基督教。[1]奥古斯丁与其他早期教会神学家急于借重柏拉图的权威来发展基督教的思想体系，但他们忽视了柏拉图思想当中为犹太教和基督教极力谴责的成分。从此以后，人们总是片面理解柏拉图，有时甚至有意曲解，这未尝不令人心痛。

在柏拉图写作对话的时代，人们普遍认可并接受男人之间的情欲和性爱。尤其在青年男子和成年男性之间，年长的“爱者”往往充当年轻的“被爱者”的精神导师，指点他进入成人社会。这种关系被涂上浪漫色彩，而且人们

1　见《上帝之城》卷八，第五章。

图6　柏拉图所处社会的爱者与被爱者

认为同性间的感情不会危及婚姻这种乏味的社会关系。

在《会饮篇》和《费德罗篇》中，柏拉图将爱情当作哲学的背景，或者哲学的一部分。在其他对话的场景中，爱情也是重要的一部分。在本章和后面几章中，我将探讨柏拉图的观点。前面我们已经谈到对话这种写作形式使作者与对话人物拉开距离，我后面就不用再提醒读者注意这一点了。

柏拉图不仅仅接受同性恋为其社会生活的一部分，而且持一种浪漫的观点，并在两方面走得更远。他强调同性恋关系中教育的因素，将这种关系升华为理想的师生关系，从而完全超出肉体上的吸引，使之变成老师对学生灵魂（指心理和心灵生活）的关切。这就是人们常说的“柏拉图式的恋爱”，它指的是一种浪漫的爱情，但由于关注的是灵魂而非肉体，因而此种爱情的实质被彻底改变。在柏拉图笔下，苏格拉底总是在竞技场中与年轻人消磨时光，但他关心的是他们的精神生活。有时，苏格拉底也自称是爱情专家（指充满性欲的浪漫爱情）。

这一点肯定会遭人误解。在竞技场中晃荡的年长者感兴趣的是年轻人的身体，而非灵魂。《会饮篇》中有一段（215a-222b）正是要表明苏格拉底的爱到底意味着什么。阿西比亚德（Alcibiades）是一位英俊、聪慧、富有的雅典少年，身边不乏年长的追求者，但苏格拉底毫不为他的美色所动，这一点深深地吸引了这位年轻人。阿西比亚德发现唯有苏格拉底能让自己因虚度时光而感到羞愧，唯有苏格拉底才能使自己向往更好的生活。他想让苏格拉底成为他的良师，于是决意以色相引诱苏格拉底。从打情骂俏到与苏格拉底同床共枕，他一切手段用尽，但仍没有奏效。苏格拉底只是说，如果他真能使阿西比亚德浪子回头，这便是真正的奖励，远胜过单纯的性爱。[1]

尽管这一段雄辩动人，但仍然未能阻止其他人的误解。后来的讽刺作家琉善[2]讽刺了一位柏拉图派哲人。他准备做一位少年的老师，但少年的父亲非常担忧，于是这位哲人安慰道：吸引他的是灵魂，而非肉体，即使他的学生

---

1 可参见刘小枫的译本，见《柏拉图的〈会饮〉》（华夏出版社，2003年），页101-116。

2 琉善（Lucian），生于公元120年前后，卒于180年之后，讽刺作家，以希腊语写作多种对话。周作人将其名字译作“卢奇安”，后按读音译作“路吉阿诺斯”。周作人晚年煞费心力，翻译了他的重要对话，见两卷本《路吉阿诺斯对话集》（中国对外翻译出版公司，2003年）。

与他同榻而眠，他们也毫无怨言![1]

爱与性

诚然，有一些段落，尤其是《费德罗篇》，显示出一旦二人的关系从师生提升为更平等的道友关系，性欲并非完全被排除在哲学关系之外（但不是那种最高尚的哲学关系）。对柏拉图而言，性欲并不构成问题。问题在于，一方面要全心奉献给哲学探究，另一方面又不能完全忽视日常需求，这其间的分寸如何把握，这才是关键。

另外，柏拉图使用充满激情的同性恋语言，有时别有深意。最明显的地方在《会饮篇》，他将对哲学探究的冲动描写为对性欲的改变。在论“爱的阶梯”一段，苏格拉底描绘了性欲冲动如何能得以升华和净化，最终引导人超越感官的满足，从对美的物体的占有转为对普遍真理的深

1 这实际上是琉善所作对话《柏卖学派》中苏格拉底的话。该篇对话描写宙斯命人将当时流行的哲学学派摆在市场上进行拍卖，欲购买苏格拉底的买主正需要为自己的孩子请一位老师，于是对话中的苏格拉底说：“但是和美少年交际，有谁比我更是适当呢？因为我所爱的不是身体，这乃是灵魂我所认为美丽的。实在是，就是他们和我在一件大衣底下睡觉，他们可以告诉你，我决不会亏待了他们”（周作人译《路吉阿诺斯对话集》下卷，页697）。

思和领悟，真正的快乐无过于此。[1]人们经常拿柏拉图的观点与弗洛伊德的理论对比，但弗洛伊德认为人类理解的冲动可以回溯到人人皆有的原始本能，此种本能保持其能量和紧张，可以转化为具有复杂思想结构的东西。两相对比，柏拉图的观点没有那么简单化。

柏拉图为何偏要将哲学思考的冲动回溯到爱欲？也许他喜爱这种解释，因为这种解释有可能将两类截然不同的事物归结到同一个原因。哲学冲动归根结底来自人的内心深处，而且真实无伪。柏拉图真切地感觉到这与爱欲极相似，因为此种冲动来自内心，决不可有意为之，而且正如爱欲一样，此冲动驱使你竭尽全力实现自己的目标。不管目标多么难以企及，你仍然感到这是你全部生命的意义所在。但哲学也不是孤独的活动，没有人像柏拉图那样强调互相切磋和辩论的重要。若要在哲学方面有所进益，必须借助两人或多人之间的谈话，仅凭一个人苦思冥想是不够的。有时柏拉图强调，爱情能产生一对伴侣，他们有共同的关切，超越了每个人单独从爱情中能得到的收获。哲学

1 关于“爱的阶梯”，见刘小枫译本，页89-94。

同样需要往复辩驳，需要相互砥砺和相互扶持。因此哲学与爱欲相似之处甚多，这一点的确出人意料。爱欲如何能阐明哲学，这是另一个问题，但柏拉图将二者联系在一起来讨论，这的确是伟大的创见。

性别问题

对男性来说，这种观点也许很有启发。但女性在阅读这些作品时却遇到很大的问题。因为柏拉图对话中完全以男性同性恋的语言讨论性爱，丝毫没有考虑女性，或者将女性视为低等、当被放弃的选择。柏拉图谈到男性之间的爱能生出思想的“后代”，远胜过男女结合所生的有血有肉的后代。此处柏拉图沿袭了当时歧视女性的偏见，他认为男性之间的爱情无论在精神还是在其他方面都优于异性恋 。当然，在表达这种偏见时他可能有夸张之处，对同性恋的作用也有所夸大。（女性间的爱情他不感兴趣，可能他对此所知甚少。）但柏拉图对女性的态度却非常复杂。在他著作中他显然不考虑女性读者的感受，但在《会饮篇》中，当论到“爱的阶梯”时，这一番宏论却出自一位女性，一位名叫迪奥提马（Diotima）的女巫。尽管柏拉图厌恶女性，但他也体察到女性所遭遇的问题，这个问题哲学家直到最近才开始理解。

妇女的潜能与家庭

柏拉图在其《理想国》中提出一个著名的理论（在《法律篇》中也有所涉及）：在理想的社会里，由父母和子女组成的小家庭将被废除、或者被严格限制。柏拉图深感家庭的弊端，因为人们学会自私自利，对家庭之外的人争强好胜、充满敌意，这阻碍了人们对更大群体的关心。他以为，只有当家庭所带来的负面影响受到钳制，城邦中的公民才能真正热爱自己的城邦以及城邦所奉行的理念。这个想法若能实现，还有助于妇女释放自身的潜能，她们有可能摆脱相夫教子的封闭生活，而和男子一样，在更广阔的空间里施展自己身心各方面的能力。

在《理想国》中，柏拉图以非常理想化的方式表达了这一思想。他认为女人可以和男人一样成为武士和哲人。[1]

1　见《理想国》卷五456a-b。

在《法律篇》中，柏拉图更加务实一些，他认为女人可以突破传统的束缚，从事更多的社会活动，但小家庭不必废除。这样的想法，即使表述得不那么绝对，在柏拉图时代也可说是振聋发聩，为此也招致了很多嘲笑和误解。

这些问题在近代已经被充分、系统地讨论过，因此我们可以看出柏拉图所提方案的种种缺陷。这种理论不是建立在经验的基础上，而是从有关人性的抽象论述中以先验方式推导出来的，因此无法应用于现实社会。这种理论虽然冲决传统思想的束缚，但不切实际，在历史上没有造成实际的影响。此外，柏拉图虽然在理论上认同男女平等，但实际上仍坚持认为女性在生理和心理上的表现均不及男性。[1]原因在于，他认为若改变妇女的命运，必须要求她们做与男人相同的事，扮演男人所扮演的角色。他没有看到在女性身上、在她们的社会活动中有任何值得尊重、值得保留、需要男性和女性共同承担的东西。因此他不断贬低、歧视女性。

因此我们不难理解为何人们对柏拉图有不同的定位。有

1 比如《理想国》卷五451a-e，455d-e等处。

人视柏拉图为女权主义的先驱，因为他觉得不应该将女性排除在男性活动之外。也有人认为他从骨子里反对女权主义，因为他认为我们可以关注女性，但目的仅在于将女性按照男性理想来重新塑造。考虑到这是一个棘手的问题，而且女权主义阵营内部也有分歧，传统意义上的女性活动和女性特质究竟应该抛弃还是应该珍视，意见并不统一。因此我们就不难理解为什么柏拉图的观点会引起不同的回应。我们既可以批判他缺乏对女性的理解和同情，也可以赞扬他能够注意到妇女社会地位是一个必须解决的问题。其他哲学家无人思考过这个问题，这说明柏拉图思想的独创性。以亚里士多德为例，他对流行的思想少有怀疑。妇女操持家务、没有政治权利、没有受教育的机会，他并没有觉得有何不妥。亚里士多德颇能代表过去哲学家的基本态度。

有一个故事，说柏拉图的学园里还有两个女学生，一个叫拉斯特妮娅（Lastheneia），另一个叫阿西欧提娅（Axiothea），她们俩都是在读完《理想国》之后，女扮男装混进学园的。这个故事可能是有人读了《理想国》之后杜撰出来的，但无论是真是假，都说明在人们看来，柏拉图认为性别与思想发展毫无关系。

性与性别

虽然柏拉图一向在西方哲学传统中地位显赫，但20世纪之前，出于各种原因，他关于性、爱情和性别的观点一直被视为哲学讨论的禁区，人们故意漠视他对话中相关的内容。这种虚伪的态度虽不始于19世纪，但在19世纪中表现得最为明显，因为当时柏拉图著作在大学教育中占有重要的位置。

维多利亚时代对柏拉图著作中同性恋因素的刻意回避

汤姆·斯多帕的剧作《爱之创造》捕捉到维多利亚时代牛津大学中对柏拉图的矛盾态度。[1]剧中提到两个真实的历史人物，一个是沃尔特·佩特，他本人是同性恋，他著有《柏拉图与柏拉图主义》一书，书中柏拉图对男性美的爱恋几乎坦露无遗。[2]另一个人物是本杰明·周伊特，他是牛津贝里奥学院的院长，翻译柏拉图的大家，是牛津柏拉图研究（特别是

1　汤姆·斯多帕（Tom Stoppard，1937—），英国当代著名戏剧作家。《爱之创造》（*The Invention of Love*）一剧发表于1997年，描写英国古典学者和诗人豪斯曼（A. E. Housman，1859—1936）死后回忆年轻时代牛津的人物和风貌。当时，维多利亚时代刻板的道德观念受到冲击，以王尔德为代表的唯美主义和同性恋风气开始抬头。

2　沃尔特·佩特（Walter Pater，1839—1894），英国19世纪的“唯美主义”代表作家。1873年出版《文艺复兴》一书，一举成名。佩特对王尔德产生了决定性的影响。

《理想国》）的开山者。[1]在斯多帕的剧中，周伊特指责佩特给贝里奥学院的一位学生写了很不得体的情书。

佩特：……你竟然反对柏拉图式的激情，这实在让我震惊。

周伊特：就柏拉图而言，柏拉图式的激情会带来严重的后果。若不防患于未然，那么校园会变得空无一人，监狱则会人满为患。在翻译《费德罗篇》时，我绞尽脑汁，把他对恋童癖的描写改写成英国绅士淑女之间的脉脉温情。如果柏拉图有幸在贝里奥学院执教，他自己一定会做类似的改动。

佩特：院长大人，我们一向尊奉希腊文化为人类文化史上最辉煌的一页，无论其道德风貌还是思想深度，同时代其他文明根本无法望其项背。但是，不管您有多少聪明才智，都无法清除男童恋，因为此乃希腊社会最鲜明的标志。

周伊特：多谢你提醒，但一个本科生实不足以构成鲜明的标志，我已致函学生家长，请这位学生离校……腐蚀希腊文明的瘟疫决不容在贝里奥学院肆虐！

同性恋在当时根本无法公开谈论，要读柏拉图，只能靠经过删改、引人误解的译本。同时，人们也隐隐约约感

1 本杰明·周伊特（Benjamin Jowett，1817—1893），英国19世纪著名的古典学者，从1855年起即成为牛津希腊文教授，并长期担任牛津贝里奥学院院长（Master of Balliol College）。1871年出版4卷柏拉图英译本，长期以来一直是英语世界最流行的柏拉图译本，影响至为深远。很多研究柏拉图的现代学者对其译笔颇多指摘，认为不能紧扣字面义，增饰过多，但平心而论，周伊特对柏拉图研究的贡献不可磨灭。此外，周伊特还著有多种神学著作，在19世纪60年代的英国宗教界也是关键人物。

到所谓柏拉图式的爱情大概不是为社会认可的异性恋。让·德尔维尔（Jean Delville）的象征派绘画《柏拉图学校》正表露此种态度。柏拉图被刻画成与基督相仿的精神领袖，身边是12弟子，这些弟子赤身裸体，不辨男女，意在表现他们是没有性欲的灵魂。但看上去，毫无疑问是女性化的俊美少年，围绕在一位年长的精神导师周围。难于启齿之事通过强烈的暗示得以传达，但隐讳的表现方式一定会让柏拉图大惑不解。对柏拉图来说，同性恋并不需要遮掩，也无需感到羞愧。

柏拉图认为女性也应有与男人一样的社会地位，这一看法虽不能说大逆不道，但也一直沦为笑谈。直到19世纪的妇女运动，这一看法方被当作严肃的政治议题。150年来，人们一直带着这个问题谈论《理想国》。单纯就这一点而论，研究柏拉图对现代女权主义的讨论并无帮助。柏拉图的出发点以及很多假定距离我们太过遥远，他已无法加入到我们的讨论中来。

但是柏拉图对女性的态度，显示出他最激烈、最具开创性的一面。他认为女性的社会地位并非天经地义，女性能胜任男性所有的工作，仅此一点已然是发前人所未发。

图7　19世纪末期风格的柏拉图

尽管他关于爱欲与哲学的思想非常独到，但若我们平心而论，他对同性间爱情的思考并没有太多独创性。只是由于后来很多读者为同性恋问题搅得不得安宁，这才夸大了这一问题的重要性。

第五章

德行：个人与社会

如何获得幸福

在许多对话中，柏拉图力图解决一个重要问题：如何过完美的生活。他的出发点是当时社会普遍持有的观点，那就是，我们都在追求幸福。伦理学就是指我们不仅关心如何生活，更要关心如何才能有高尚的生活，使人生活得更有意义。人人追求幸福，这里的幸福是指高尚的生活（这与现代人关于幸福的观点截然不同，因现代人将幸福等同于快乐，而对于所有古代哲人，幸福意味着成就一种高贵、人人羡慕的生活）。柏拉图从未怀疑这便是一切伦理思考的起点。但究竟什么是高贵的、人人羡慕的生活，以及如何获得幸福，柏拉图给出的答案与常人迥异，也与其他哲人不同。

无论古人还是今人，许多人都想当然地以为幸福生活意味着有所成就，所以成功人士，尤其是有钱人，日子过得安稳的人便可称幸福。如果有人说，被社会排挤的失败者的生活是幸福的、令人钦佩的，而且是值得我们效仿的，那么这种观点一定会被视为怪论和谬说。但柏拉图受苏格拉底影响甚深，而苏格拉底放弃世俗功名，一心致力于哲学，最终受审、被处死。但在柏拉图看来，苏格拉底的生活才真正值得赞美。这样看来，大多数人关于幸福生活的观点是大错特错了。

但错在何处？他们认为如果拥有一般人珍视的东西，比如健康、财富、美貌等等，这样的生活就很美满，他们就很幸福。可是问题在于，这些东西真有价值吗？真会有益于你吗？柏拉图认为你就像拿着工具和材料的工匠一样，只有当你使用这些外在之物，用它们来完成某种工作的时候，它们才对你有益。另外，你必须用这些外在之物做正确的事，将它们合理、明智地使用，否则它们对你无益，甚至对你有害。比如说，赢了彩票的人可能不会因为赢钱而更加幸福。如果赢来的钱她使用不当，这笔钱便对她毫无益处，甚至还会毁了她的生活。幸福不仅仅是你所拥有的那些东西，你还必须将这些东西用于正当的途径，就像工匠对待她手上的原材料一样，然后这些外物才会对你真正有所裨益，使你的生活更加完善。

因此我们看到，那些让我们合理使用物质条件的美德，柏拉图在《法律篇》中称其为“神界之善”，与此相对的是单纯由外物本身构成的“人世之利”。没有前者，后者对我们毫无裨益。因此，健康和财富的真正价值在于我们是否拥有勇敢、正义这些美德。而如果这些美德对于我们人生有所帮助，必须以理性的推断作为基础和指导。因此，在《欧谛德谟篇》中，使人生更有意义的那种美德被称做智慧，指的就是指导德行的具体知识。

毫无疑问，这是一个大胆的见解。何以见得？柏拉图是不是说：健康和财富本身还不足以使人生更完满，还必须依靠智慧将其施之于正途，我们方真正拥有完美的生活？如果真是这样，他便认为健康和财富只在一定条件下、只有在完美的生活中才是有益之物。有无可能柏拉图持更加严厉的观点，认为诸如健康和财富从本质上说根本无益，唯有当人明智地使用健康、财富以及其他有利条件之时，我的生活才变得完美？

柏拉图似乎没有辨析上述两种观点的不同，因为我们可以找到不同的证据支持这两种不同观点。后来的伦理学理论于此作了更细致的区分，而斯多葛学派认同后面这种更严厉的观点，并宣称柏拉图开启了这一思想。原因在于，这种更严厉的观点认为美德本身就足以带来幸福，而这种立场柏拉图在其他地方也有所表述。

关键所在

在《申辩篇》(苏格拉底的法庭自辩)、《克力同篇》和《高尔吉亚篇》中，柏拉图明确表达了一种毫不妥协的立场。苏格拉底称，判断人幸福与否，唯一要问的就是人是否有德行。若我们知道这是一件错事，我们便不当去做，至于后果如何、得失如何，都不能丝毫影响我们的判断。即使有杀身之祸，也不当为求生而牺牲自己的主张。

为什么苏格拉底坚持认为美德无论如何都不应当放弃，一切关于金钱和个人安危的念头都应置之度外？我们已然看到，美德不仅仅是我们拥有的一种利，一种可以和其他诸如财富或安危放在一起来衡量的利。美德乃授之于天，是所谓“神界之善”，它或者是唯一的无条件的至善，或者是唯一有资格被称作“善”的东西。它之所以能凌驾于诸善之上，是因为唯有美德方能使我们将其他俗世的便利施于正途，唯有美德方能决定健康和财富究竟对我们有益还是有害。因此美德经常被当成一种技艺或专门技能，一种实际知识，用来将外物转化为一完整、统一之物。

不背德

在《克力同篇》中（48c-d），苏格拉底一边等待处决，一边思考是否应该越狱的问题。[1]

苏格拉底：那么，根据我们所同意的，必须研究，未经雅典人释放，企图离开此地（指监狱）是否正当。正当，我们尽管去做，否则只好罢论。你所提关于花钱、毁誉、儿子无依等等，确实只是大众的想法……至于我们，在理性的约束下，除方才所同意的结论之外，不得虑及其它。请问：赂人带领离开此地，或行贿得人之助以自逃，此举是否正当，或

1　克力同（Crito）是苏格拉底忠实的朋友，在苏格拉底受审和受刑时都在场。在苏格拉底受刑前，他几次劝说苏格拉底从监牢中逃走，并许诺自己可以出钱出力。在这篇对话的开始，克力同提出以下3点理由：“（一）苏氏含冤死去，旁人要笑克力同重财轻友，舍不得花钱救友的命。（二）克力同为苏氏解决疑难问题：（甲）不必顾虑累朋友破财与冒险，钱有的是，冒险是应该的；（乙）不必愁无处可去，啬他利亚等地都有克力同的朋友，能招待他。（三）死去就是抛弃儿子，有亏父职。”（引自严群译本的“译后话”，见严群译本页115）随后，苏格拉底便开始论证逃走这一行为是否正当。

> 者做这些事确实是背理枉法。行这些事若是不正当，我们就不得计较留在此地静候死期以及其他任何悲惨境遇，应当念念在于免行不义。[1]

这个见解引人深思。在我开始思考如何过完美生活之时，我已先有自己的生活，我有一整套信念和社会关系，比如我的家庭和职业，我的人生目标，我的抱负和梦想。我也希望成为一个高尚的人，勇敢而不懦弱，公正而不卑鄙，等等。柏拉图坚定地认为，美德自有其特殊的位置和价值。成为有德之人不是说在拥有财富和健康的基础上，再加上美德。相反，美德乃是指导、规范人生最重要的因素，其他方面不过是美德得以施展的物质条件。美德产生完整有序的人生，而如果美德不能实施其影响，结果便是一团糟。如果我们从这个角度看问题，就能理解为什么柏拉图认为美德如此至关重要。只不过柏拉图表述这一理论并不精确，而后来的哲学家则通过思考，完善了这一美德至上的理论。

1　严群译本，《游叙弗伦、苏格拉底的申辩、克力同》（商务印书馆，1983），页104-105。

以神为榜样

对现代读者来说，这种说法未免强人所难。我们大都认同亚里士多德比较平易的观点，他承认美德是生活中的基本要素，但也强调像健康和财富这些世俗之利也自有其不可缺少的价值。若拥有它们，你的生活会更好，而一旦失去它们，你的生活会被破坏，你也不再幸福。

即便是古人也认为柏拉图的观点难以实现（前面已经说过，这种观点一般被当作斯多葛派比较严厉的意见）。如果他的主张是对的，那么我的生活将发生翻天覆地的变化。我就会放弃追求财富或者权力，而会尽我所能让美德来统领和规范我的生活。对大多人来说，这意味巨大的改变。

但有时柏拉图似乎又认为，让美德指导人生选择、彻底改变生活，还远远不够。你应当意识到，我们日常的担心和忧虑统统是微不足道、无关紧要的。你应该努力相信，人们汲汲以求的东西都毫无价值。就是说，美德要求你远离日常所思所想之事，远离日常生活中不可避免的善恶交杂。因为现实中根本不存在纯粹的美德和真正的完善。“因此，我们必须尽速逃此世而趋彼世。欲逃此世则须力求肖神，肖神则在于正直、清净、而加之以智慧。”（《泰阿泰德篇》176a-b）[1]

效仿神的思想会让柏拉图的读者感到震惊。诸神乃是与人类完全不同的存在，就像其他动物与人的区别一样。传统观点认为，人若极力仿效神灵，这乃是要遭天谴的大罪。柏拉图的思想当然不能从这个意义上理解，他要表达的是关乎神之本质的精妙哲学思想。与传统的希腊诸神不同，柏拉图的神是纯善，完全没有罪恶，因此效仿神就是尽人力之所能，努力趋近完美。

认为美德就是效仿神，这与古代伦理思想的主流完全不合。古人多视美德为人之本性与潜质的实现，而不是超越人世理想，离世弃俗，在追求完美的过程中变成高于常人的另一种存在。这种出世的思想在被搁置数百年之后，在古代晚期又迸发出新的活力，尤其可见于“新柏拉图主义”对柏拉图思想的解释以及该派对基督教思想发展的影响。

1 严群译本，《泰阿泰德·智术之师》，页67。严译所谓“肖神”就是模仿、仿效、效法神的意思。

教化之功

柏拉图虽深受这一思想吸引，但大多数情况下他仍以美德为一种躬行实践的知识，必要运用于人生中，影响每一个人的生活。我们已经看到，人人均以追求幸福为人生之鹄的，而柏拉图认为成就德行乃是获取幸福的头等大事。可是人如何能够成为有德君子？柏拉图的学生亚里士多德认为，我们需以身边的有德之士为榜样，进而效仿、超越、批评他们的思想。如果行之有效，我们终将获得更丰富、更深刻、更合一的美德。但我们必须始于身边社会的价值标准。柏拉图的见解却截然不同。他对渴望追求美德的人有很多惟妙惟肖的刻画，但这些人总是与他们所处的社会扞格不入，找不到任何同情和支持。柏拉图在一处写道，一个人越是才华横溢、生性敏感，便越容易受各方社会压力的钳制。

柏拉图意识到，这些压力不完全是道德或政治方面的压力。社会文化在多方面影响到个人。特别要提出，柏拉图强调艺术在塑造社会成员的价值观方面有重要作用，柏拉图是提出这个问题的第一人。现代社会中电影、电视和书籍的功能，就相当于柏拉图时代雅典的戏剧表演、节庆、以及诵习史诗（特别是两部荷马史诗，《伊利亚特》和《奥德赛》）和抒情诗。柏拉图非常严肃地看待这些艺术形式，认为它们决不仅仅是无害的娱乐形式。

《理想国》和《法律篇》是柏拉图两部篇幅最长的对话。在《法律篇》中，他为理想的新城邦草创了一部法典，他特意强调对城邦的文化活动要大刀阔斧地实施改革，方能有益于公民心灵的健康发展。传统文化，特别是诗歌当中的主题内容应当彻底地改写，凡助长自私自利、破坏协作精神的段落都应予以清除。而且柏拉图对戏剧表演深感忧虑。就像后来很多国家的清教徒一样，他认为扮演戏剧角色，会使演员的自我变得脆弱易变。他还对戏剧之于观众的影响非常担忧，因为戏剧会诱使观众轻视高尚的情感，削弱观众的情感自制力。在《法律篇》所勾勒的改进的城邦里，构成希腊流行文化的戏剧（就是我们现有的“希腊悲剧”）根本没有立足之地。这样做势必会造成人们创造力和想象力的枯竭，但柏拉图丝毫不以为意。他最关心的是民众的精神发展，本可用于艺术方面的心理能量在柏拉图的理想城邦中必须严格限定在这一领域。

不容异见

在《理想国》（492a-c）下面这一段中中，柏拉图对流行文化的影响深表怀疑，因为它压制个人的思想。这一段生动地表现了他的观点。

苏格拉底：哲学家之为善与不善亦由于此。亦如植物之一遇适当之培养，适当之天时土地，则无不勃然而兴，至完全畅茂成熟而后止。设其所遇不当，则苟无天佑，必成为最不良最有害之野草。抑汝亦知众人所谓无数青年，为诡辩家所败坏，而复有无数之诡辩家，随时随地，诱惑青年，使之为所不当为乎？以余观之，为此言者，非诡辩家之最大者欤？盖论调若此，实于无形中授青年以种种不良之教育，非适导之使为彼辈一流之人物耶？

哀地孟德：彼等于何时教育之？

苏格拉底：每于公众集会之时，若法庭、若剧场，或其他公共之所。多人所视为不善，则大唾骂，而合意则欢呼鼓掌之声，震动屋宇。无论为彼等所是非好恶，无不言过其实。而当其唾骂或称颂之际，其气焰之盛，令人战栗。当此时，年少之人，其孰不见之而惕厉，不论其所已受者为何种之教育，尚能至此而不为大众之潮流所卷，而屹然不动乎？势必至众所以为是者，彼亦以为是。众所以为非者，彼亦以为非，而实无一己之意见可言也。[1]

1 《理想国》，吴献书译（1929年；商务印书馆，1957年重印），第三册，页82-83。

个人与国家

迄今为止我一直讨论的是社会团体，而非国家，而对柏拉图来说，在文化领域和政治领域之间并无明确的分界。在他关于治国的理论当中，政治制度已不容人民尽最大程度追求个人目标。柏拉图政治理念的核心是，你争我夺的个人主义是应解决的主要政治问题。民众总追求一己之私欲，而不愿意为公共利益而相互协作。柏拉图在《理想国》中明确说自己勾勒的是一个天方夜谭式的理想城邦，而在《法律篇》中，他具体描述了应当如何治理一个理想化的希腊城邦。柏拉图重新营建了政治和教育制度，以期培养出热心公益、与城邦其他成员同甘共苦的理想公民。即便在《法律篇》中，柏拉图还是认为妇女应当视自己为城邦一员，应当投身公务，而不要完全陷于单调乏味的家务事中。在《理想国》的玄想中，柏拉图将这些思想推到极致，竟主张取消家庭，而在《法律篇》中，他却强化家庭的作用，将其视为培养急公好义的公民的根基。

提出如此激烈的观点，为培养有公德心的民众而不惜对政治制度作天翻地覆的改革，柏拉图的理由何在？他认为这是治理社会唯一的理性办法，唯有依靠此法，社会才能形成一整体，而不是一群彼此倾轧的乌合之众。这些理论每次被论及，总被当作专门之家深思熟虑之后所提出的解决方案，并经常比作职业领航员或者医生的权威意见。相反，当时雅典所认可的民主制却被表现为一群你争我吵的乌合之众，人人都在为自已那一点蝇头小利而吵吵嚷嚷，对于整个社会的需要却没有任何深入了解。

民主与官僚

在柏拉图看来，民主以官僚机制压制了个人才华。在《政治家篇》这一段中（298c-299d），他挖苦道，如果航海和医术也由雅典民主制来管理，不知会如何。他后来也承认，民主管理在现实世界中可用来防范对权力的滥用。

埃利亚来客：假设我们下令，禁止任何人，无论是奴隶还是自由人，再受航海术或医术的约束，假设我们自己组织一个代表大会……我们容许普通人和其他行业的工匠发表有关航海和疾病的意见，比如如何对患者用药、在何处下刀，甚至容许他们自行驾船航行……而这些意见可以著于书版、勒于金石……今后，凡航行和治病，都须以此意见行事。

青年苏格拉底：你所说的，真有些古怪。

埃利亚来客：我们每年从民众中选拔官员……用抓阄来决定。执政者当依照写下的条例来驾船和治病。

青年苏格拉底：这更让人难以接受。
埃利亚来客：再看看还会发生什么。一年后，执政者任期届满，将会有专门的法庭来调查审问他们的所作所为。任何人如果愿意，都可以指控他人在那一年中没有依条例驾船……或没有依条例治病。法庭必须决定违法者当如何受刑或受罚。
青年苏格拉底：在这种情况下，若有人还心甘情愿担任一官半职，这个人就活该要受刑或受罚。[1]

柏拉图认为民主制是一种危害，因为它认为无需专门知识也可以治理国家，如此一来便不能鼓励人民更多地为公益着想。在民主制中，有才之士被迫向平庸之辈看齐。另一方面，在现实社会中，一些自诩为治国良才者往往自行其是，无法无天，而民主制所推重的官僚体制和权力分割的确可以防止对权力的滥用。在《理想国》的幻想世界中，最高权力被交给完美无瑕的人。但在其他著作中，当柏拉图思考现实问题时，拥有专门知识的治国者仍然是最理想的选择。他虽不喜民主制，但也承认民主制乃是现实中可推行的最佳方案。在《法律篇》中，柏拉图便以雅典的民主制为基础设计政治改革方案，将民主制引向天下为

1 据作者英译文译出。

图8 这是“抽签机”的残片，用于分派公职或任命陪审团成员，从公共广场（雅典主要的公民集会场所）的遗址中出土。雅典民主制广泛使用拈阄制度，来确定谁担任公职。雅典人认为任何公民都有能力处理公共事物。选举被认为是一种精英政治，不过像十将军组成的委员会这样重要的机构还是要靠选举。柏拉图在《法律篇》中描写的理想化的城邦中，加强了选举的作用，削弱了拈阄制的功能。

公的方向，而任何其他政治制度都没有被当作改革的起点。在柏拉图看来，民主制虽不尽人意，但仍然胜过其他的选择。但只有在理想国度里，我们才会生活得更好，我们才不会彼此漠不相关，而是怀抱共同的理想凝聚在一起。我们已然看到，柏拉图认为不管现实世界如何，个人必须以美德为人生的准则，在这方面他毫不妥协。但他也多多少少保有一线希望，希望现实世界能有一些改善，以弘扬美德。

第六章

灵魂与自我

灵魂问题

在希腊思想中，灵魂是使生命体受生之物。这便带来与灵魂相关的一系列问题。我们的身体被赋予生命，但使躯体受生之物究竟是一种物质形式还是完全不同的一种存在？如果是后一种情况，我们当如何理解它的本质？灵魂与躯体是不可分割的吗？当躯体死亡、失去活力时，灵魂也一道消亡吗？还是灵魂在躯体死亡之后仍以其他形式继续存在？人究竟为何物？到底是有生命的躯体，还是独立存在的灵魂？如果人之所以为人，乃在于灵魂，是不是说当躯体不复有生命之时，人依然不死？

在柏拉图时代，对这些问题早已有各式各样的回答。柏拉图在著作中给出了多种解答，有些说法相互矛盾。但有两点他深信不疑。他认为灵魂是与身体迥然不同的存在，这是他一个根本的理论前提。的确，人们一向以为柏拉图是二元论的代表，所谓二元论就是指灵魂和身体（按我们现在的话说，就是心灵和身体）判然有别。另外，柏拉图从未怀疑过，当我追问我的本质究竟为何物时，答案应该是：我就是我的灵魂，而不是受生的身体。因此，苏格拉底在临终前半开玩笑地提醒他的朋友，他们将要埋葬的不是他本人，而只是他的身体。

苏格拉底临终遗言

在《斐多篇》（115c-116a）里，苏格拉底正准备服毒：
克力同说："可是我们怎样埋葬你呢？"
苏格拉底说："你们爱怎么办就怎么办，把我抓牢不让跑掉就行。"然后温和地笑着，瞧着我们说："我无法使克力同相信，那个谈天说地、体察入微的苏格拉底就是我。朋友们，他认为我就是将要死掉的人，问起怎么埋我！虽然我长篇大论地说过，我服毒之后就不再跟大家在一起，要去享受你们所知道的快乐和幸福，可是他似乎认为这只是鼓励大家、鼓励我自己的空话。……你们一定要鼓足勇气说，你们埋葬我的身体，这样做你们认为最好、最合适。"[1]

1　王太庆译，《柏拉图对话集》（商务印书馆，2004年），页284。与苏格拉底对话者，王本译作"格黎东"，现改为"克力同"。

但进一步讨论灵魂问题时，柏拉图给出的答案不尽相同，有时相互矛盾。他时而认为灵魂乃纯一之物，而在其他地方又说灵魂可以分成不同部分，这些部分象征性地体现为人和动物。有时他认为灵魂的本质在于思考和思辨能力，有时他又以为灵魂的本质在于自我驱动的力量。一般来说，柏拉图持灵魂不朽说，因此灵魂与身体的关系仅仅是暂时性的，但我们也能找到与之矛盾的说法。有时灵魂是身体的主宰和引导，有时灵魂是深陷身体牢狱的囚徒。

柏拉图关于灵魂的说法很难组成一个连贯、一致的理论。有些学者认为这可以证明柏拉图思想有不同发展阶段，但我们很难发现一以贯之的主线。比较合乎情理的看法是，柏拉图以不同思路探究相同的问题，我们自然不能强求这些探索都趋向同一个方向。

纯一物或复合体?

在《理想国》中，柏拉图有一段著名论述，将灵魂分为三“部分”或三方面。[1]我的身体既已被激活，我便作为

1 《理想国》卷四439-440。

一统一体行事，但我身内交织着不同的欲望和冲动，相互冲突。柏拉图设想一个口渴的人却不去喝水，因为喝水可能会对他不利。（柏拉图没有详论不喝水的原因，但我们不难找到许多理由来说明喝水可能对他不利。）这不同于鱼和熊掌不可兼得的例子，这种冲突实际上是内心两种绝然不同的驱动力之间的较量。我的本能要求我此时此刻的欲求立即得到满足，不去衡量后果如何；而我之所以能暂时克制自己的欲求，乃是由于我衡量了什么事从长远来看对我最有利。这便是理智，理智使我对人生整体作全盘的了解和规划，驱使我追求这一更高的目标。我必须克制自己的欲念，因为如果随意满足自己的欲望，便会妨碍实现更高的目标。

对于一个身处过去、现在和未来当中的人来说，理智不仅仅是为你作整体规划的思维官能。它无需借助欲望，也能为你提供行动的动力。欲望驱使你在当下立即获得欲望的对象，而当欲望的满足并不符合你最大利益之时，理智便会帮助你加以抵制。

短期欲望与经过理智思考的长期驱动力之间存在鲜明的对立，但柏拉图觉得这还不足以解释我们所有行为。我们身上还有*thumos*，这个词可以翻译成“精神”、“情感”等概念。它与理智有别，因为它无法用语言表达（比如在孩童和动物身上），它也可以和欲望发生冲突。柏拉图有一个有趣的观点，他认为有时我们可以压制特定的欲望，但又说不清道理何在。有时主导我们的是一种完整的自我意识，这种意识能服从与特定欲望相冲突的理念和热望，但又无法推导出根据是什么。（柏拉图举的一个例子是，士兵积极响应祖国的召唤。）这就是灵魂中主感情的那一部分，比单纯的欲望更复杂，更富有认知方面的判断，但又缺乏理智所具备的反思能力。

柏拉图在《理想国》中将灵魂分作三部分，此说意在揭示在高尚的生活中，理智主宰灵魂的全部，而灵魂每一部分都可在各自范围内发挥各自的作用。理性之所以为主宰，乃是因为它明了人最高的福祉，而其他部分仅明白一己之利。若听任这些部分控制人之全部，必然导致灵魂功能的丧失。

在《费德罗篇》中，我们能找到同样的理论。在这篇对话中，人被比作双驾战车，御车者便是理智。而驾车的两匹马，一匹代表情感，颇为驯服，而另一匹则代表欲望，它桀骜不驯，总力图将战车带入歧途。而理智则竭其所能，驾驭这两匹马。[1]

图9 《费德罗篇》中将灵魂比作插上翅膀的双驾战车。这奇特的比喻吸引了历代艺术家。此图为多那太罗（Donatello，1386-1466）所绘的一幅半身像中人物身上所佩戴的徽章。这说明画中人物对意大利文艺复兴时期柏拉图思想的复兴运动颇感兴趣。（当时柏拉图思想的复兴深受古代晚期新柏拉图学派的影响。）

虽然情感和欲望被比作与理智交战的动物，我们也发现它们用语言交流。柏拉图将它们描写成会说话的马（其中一匹耳朵是聋的！）。他认为灵魂各部分既是实力不等、相互厮杀的力量，又是人身上与理智在不同程度上相互配

1 见《费德罗篇》246a-247c。

合的部分。情感与欲望自有理性的成分，可以进行交流，但理性的程度不高，因此不足以被描绘成人形。在《蒂迈欧篇》中，灵魂的组成部分分别被安置在身体不同部位，理智居头部，因其统领其他成分，而情感居身体上部，欲望居身体下部。[1]

但在《斐多篇》以及《理想国》全书结尾处，我们发现柏拉图的另一种理论。[2]他认为灵魂乃是纯一的整体。这两种理论都认为灵魂不朽，而如果灵魂之本体由多种成分混合而成，则灵魂不朽说便难以成立。这其中的根本道理在于，任何物事若由可分辨的部分相混而成，都可能消散，分解成原来的各部分。若一物于未来将消散分解，则此物如何能不朽？（当然这一论点并不完全站得住脚。）这一观点与灵魂三分说有何关联？这两种观点均见于《理想国》，人们希望将二者调和，便在“灵魂本体”一语上大做文章。灵魂看上去明显可分为不同部分，主要在于它与身体相联。正因为灵魂在身体中“投胎”（这一说法其实不无问题），才会出现我们身上会有相冲突的驱动力。灵

1 见《蒂迈欧篇》69d-71b。
2 见《斐多篇》78b-80c，《理想国》卷十608d-611a。

魂分为不同部分，究其原因，乃是因为我们以受生的躯体形式存在，而灵魂之本体则不受分毫影响。

若灵魂的本性不受身体影响，那么苏格拉底死后依然存在的到底是什么东西？肯定不会是在他生前曾赋予他身体活力的东西，而应仅仅是不受身体丝毫影响的那些部分。苏格拉底有理由断定那不死的部分真是他本人吗？

心灵或驱动者？

柏拉图倾向于将灵魂与身体直接对立起来。在描述我们的心理世界和求知过程时，他总将灵魂与身体视为相互争竞的力量，总是贬抑身体。因此，早期教会主张苦行禁欲的教父非常喜欢他的思想，他们将圣经中灵与肉的对立解释成柏拉图所主张的灵魂和身体的冲突，这一点对西方基督教关于身体的看法造成了深远的影响。

但我们已看到，灵魂与身体之间并非简单的对立关系。当灵魂赋予身体活力之际，灵魂的一部分已受到身体的影响，并与身体交织在一处。因此，柏拉图有时只简单地提及身体与灵魂一般意义上的差别，在其他一些地方，他想到的是被赋予生命的、为灵魂所灌注的身体与未受身体影响的灵魂之间的差别。在讨论知识的一些段落中，这种差别主要表现为感官与灵魂之间的差别。感官赋予我们信息，但灵魂一旦被刺激，就不仅仅单纯要接受和处理这信息，还要反思、乃至超越这信息。在《理想国》（523a-525b）中，灵魂发现感官对外部世界的呈现相互矛盾，灵魂被激发，开始思考如何能准确理解外部世界。在《泰阿泰德篇》（184c-186e）中，苏格拉底帮助年轻的泰阿泰德自己看清，我们不仅仅接收感官经验，还要解释、超越感官经验。而这一点，感官凭借自身根本意识不到。

感觉、身体与心灵

苏格拉底：知觉物之为热、为坚、为甘，知觉此等物性，所通过的器官，你是否认为并属于身体？……通过其一官能所知觉者不得通过其他官能，如通过听官者不得通过视官、通过视官者不得通过听官。
泰阿泰德：我如何能够不承认呢？
苏格拉底：分别通过视官听官而知觉、然后一并加以思考，不能一并通过其一器官而知觉之。
泰阿泰德：不能。

苏格拉底：关于声与色，不是一并加以思惟，首先，认为二者存在吗？

泰阿泰德：是的。

苏格拉底：其次，认为二者其一异于其他，而各同于己。

泰阿泰德：当然。

苏格拉底：再次，二者共为二、各为一？

泰阿泰德：亦然。

苏格拉底：也能察其相似与否？

泰阿泰德：也能。

苏格拉底：凡关于二者之如此类似，通过什么器官而后加以思惟？二者之共同处，不能通过视或听而后统摄之。……通过什么器官而后施会通之能、而后晓声色及一切物之共性，如所谓"存在"、"不存在"与方才关于声色所云种种？你能否指出，有什么器官适应于此种种共性，通过什么器官而后一一知觉之？

泰阿泰德：你指"存在"与"不存在"、"似"与"不似"、"同"与"异"、物之为一与为他数，显然也指"奇""偶"及其相联的其他概念；问通过身体上的什么器官，以心灵知觉此种种共性。……苏格拉底，我说不出；似乎绝无特别器官专作会通事物的桥梁，如感官之各有所司；我想灵魂自具机杼、以潜观默察一切事物的共性。

苏格拉底：泰阿泰德，……你使我免于辞费，如果你已明白：若干事物，心灵自具机杼以潜观默察；若干事物，心灵通过身体上的官能而后知觉之。这是我自己的看法，希望你也同意。

（《泰阿泰德篇》184e-185e[1]）

1 严群译本，页78-80。作者为简练起见，引原文时有所裁剪。省略号代表略去的内容。此处译文对严译的个别词句稍作改动，如心灵变为灵魂。

柏拉图认为我们的感官判断中到底有哪些归于身体、哪些归于在身体中起作用的灵魂，我们很难归纳出一整套一以贯之的理论。但有一点很清楚：柏拉图所谓的灵魂对应于我们所称的心灵或者知性。我们的心理机制不仅包括接收感官经验的能力，还包括整合、解释感官经验的认知能力。此外，知性并不局限于解释感官，它通过反思来超越感官的界限，从而发现无需感官也能把握的东西。心灵这种独立的运作经常与我们的感官经验产生鲜明的对立，它们争夺心理空间和能量。单纯依赖感官经常被贬低为被动的昏睡状态，而若要唤醒某人，意味着她必须摆脱感官经验的束缚、必须开始用心灵来思考。柏拉图很多生动的段落贬低身体，贬低依赖身体来探求知识，这种状态常被称为做梦，与之相对的则是从梦中醒来。

柏拉图经常强调，这些纯粹思考的对象是稳定、不变动的。它们是数学研究的对象，柏拉图称之为“理念”，这一概念我们下一章将论及。在《斐多篇》（78b-84b）其中一段，苏格拉底甚至强调灵魂与不变的理念十分相像，也就是那些不受感官经验的变动任何影响的纯思的对象。因为灵魂与纯思和知性的对象，那些不变、稳定、纯一之物极其相像，因此可以推断灵魂本身亦为不朽。

但是在《费德罗篇》(245c-246a)中，我们看到灵魂之所以不朽，乃是因为它总在运动（或变动）中。它的运动从不停止，因为灵魂可以驱动自身，而所有他物均受其驱动。这里谈论的是所谓“所有的灵魂”[1]，这不免带来理解上的困难：我们不清楚这一概念是指所有灵魂个体，还是指灵魂的总称——就像“雪”或“金”一样，指代的不是个体，而是某物的总量或总数。当然，我们在《蒂迈欧篇》和《法律篇》(893b-899d)中也能找到相关的思想：整个世界拥有一个灵魂，而我们的灵魂只是单独的部分。因此柏拉图至少将其理论重心从单独的、被赋予灵魂的个人身上移开。

将灵魂界定为自我运动，这是一个既深刻又有趣的观点，亚里士多德后来对此作了发挥。对于生命体来说，这是显而易见的，因为生命体运动和变化的根源来源于自身，这与无生命体不同。另外，既然其他的运动都需要一个自我运动者成为其动因，柏拉图自然引出了亚里士多德

1　这一概念希腊文作*psuchē pasa*，英文译作all soul。

关于“不动之驱动者”[1]的学说。柏拉图从自我运动的角度论证灵魂不朽，而不是从灵魂与永恒不变之物的相像来论证，事实上他关注的是灵魂的另一个侧面。柏拉图认为与永恒不变之物相似的当然是我们的理智，而不是总处于运动当中的灵魂。进而言之，这不仅仅是我托生在身体内的个体灵魂的不同方面。柏拉图表述了关于灵魂与身体根本区别的两种不同思想。我的灵魂使我有能力追求超出感官经验范围的真正知识，但我的灵魂也是宇宙间生生不息、变动不居那种力量的一部分。后来的柏拉图主义者都从学理上找到一些方法，将这两种理论勉强调和在一起，但柏拉图在其对话中却从未这样做过。

主宰还是囚徒？

灵魂与身体的关系常被说成统治与被统治的关系。灵魂高于身体，是统领身体的原则。统领者需要有臣属，柏拉图认为反之亦然。这看起来像是一种稳定、但不平等的

1 亚里士多德关于“不动之驱动者”的论述，见其《形而上学》卷四第八章最后一句话，1012b30-31。

关系。但我们也发现，尤其在《斐多篇》中，我们需要从身体中“净化”自己，而哲学当被理解为应对死亡的训练，这里的死亡指灵魂最终逃离身体的监牢。身体本身是一种罪恶，它向下拉扯灵魂，用自己的需求纠缠灵魂。死亡则是灵魂摆脱身体侵蚀的解脱。

这里的矛盾并非本质上的矛盾，而主要因为强调的重点不同、所用的语言表达不同。柏拉图一向认为，灵魂和身体是绝对不同的两物，他总以不同方式将此种差别生动地揭示出来。一种方式是以身体为灵魂的羁绊，另一方式则是强调灵魂是身体的引导。这是以不同方式强调所谓“柏拉图二元论”。之所以称为二元论是有道理的，因为灵魂和身体迥然不同，它们之间的关系充满疑问，难以准确理解。但柏拉图给我们，也给他自己留下一道不必要的难题，因为他没有划定灵魂与身体之间的界限到底在哪里。我们已然看到，灵魂与身体的区别有时在于一方被激活，而另一方主动赋予活力；有时区别在于一方是被激活的身体，另一方或为思考功能或为自我运动的能力，但只属灵魂所有，与身体无涉。由于这些界限模糊不清，也由于他对灵魂本性的看法经常改变，因此我们才有关于灵魂与身体关系的不同说法。

转世的神话

在柏拉图对话中，最突出的一个主题就是人死后，灵魂依然存在。但我们也看到，灵魂究竟是什么，并不清楚。尤其当柏拉图强调要摈弃身体之时，很难明白那不会消亡的何以就是个体灵魂（比如说，苏格拉底自己的灵魂），因为与苏格拉底这个有血有肉的人相关的一切都将被抛弃。

柏拉图在这个问题上周旋，但并没有解决。在有些对话中，我们发现了一些死后善有善报，恶有恶报的故事。经常有人说，这些善报和恶报对灵魂将要授生的生命有影响。有时柏拉图会给我们完整的灵魂转世说，今生是前世的结果，也包含来生的凭借。此说的前提是，个体灵魂历经千百劫数，仍能保持同一。灵魂因前生所为，或上升、或沉沦，只不过当灵魂再次投生时，不复意识到前世的生活。

柏拉图的灵魂转世说常引来争议。有人颇赞赏这些“神话”故事，认为柏拉图以诗性语言表达了超越哲学论辩的玄妙见解。还有人认为柏拉图将哲学辩论难以讨论清楚的思想以神话方式直接引入。这些故事的基调和作用不尽相同，有些不无讽刺（比如人可以转世投胎，变成动物），而有些故事却非常严肃。

我们应当记住，柏拉图避免用论说体将其思想表现为死板的教条，他总是使用多种迂回曲折、旁敲侧击的方式。比如人死后要为今生的所作所为接受审判，又比如今生乃是由前生所作所为而决定的，这都是他认为很重要的思想。阐发这些思想的神话故事，当如何解释？我们可以把它们当作以生动的方式来强调此世生活的伦理意义，我们也可以认为这些故事虽没有哲学思辨，但表达了关于灵魂和自我的一套超验的学说。

或者，二者兼备。柏拉图的写作方式让我们自己从不同对话中提取观点，然后归纳整理为他关于某个问题的见解。我们会觉得力不从心，尤其涉及到他的灵魂说。如果我们设想他不断地思考灵魂本性问题，每一次都形成不同的答案，这样我们多少会感到一些宽慰。他坚信，灵魂和身体天差地别，它们之间的关系不易辨明。他也确信灵魂不朽，确信我之真我并不囿于身体和人世生活。柏拉图对灵魂本性的探索并不沿着某一固定的方向，这是因为他一方面坚持某些基本观点，另一方面又不愿沿用前人的成说，而力图尝试多种途径，以期了悟灵魂的真谛。

第七章

万物本性

混沌与秩序

自然界虽偶有失衡，却展现出惊人的秩序和规则。对柏拉图来说，理解自然界最好的方式是将其想象为由工匠制成的造物。这位工匠尽其所能，将秩序加在无序的物质材料之上。

在《蒂迈欧篇》中，柏拉图认为世界的创始出自一位神匠，他按照一个既定模式完成创世工作。这个模式是一套理性原则，体现于物质材料中，制造出一完整的结果。因世界展现出理性结构，我们可以将其视为理性的创造。另一方面，因世界在物质材料中得以实现，而物质材料钳制理性，阻止理性发挥作用，我们必须考虑柏拉图称之为“必然性”的因素。必然性指万物必然要遵从的道理，不管理由如何。

柏拉图的论述在细节上有些荒诞不经，而且经常晦涩难懂，但他提出了一系列我们称之为形而上学的问题。这位神工巧匠创造了一个完美的世界，原因何在？在《蒂迈欧篇》关于世界结构的论述中，数学起了至关重要的作用。而在柏拉图的宇宙观和他关于此世界的知识论当中，数学扮演了什么角色？最后，《蒂迈欧篇》突出体现了柏拉图的一个著名观点：真实世界决不是我们通常所说的身边的大千世界，不是感官经验告诉我们的那个世界。只有当我们运用头脑进行抽象的哲学思辨，特别是当我们的思考能使我们接近“理念”的时候，我们在观念中把握的才是真实的世界。

《蒂迈欧篇》一直被当作柏拉图形而上学思想的核心。到了19世纪，由于人们强烈关注柏拉图的政治思想，《理想国》渐渐取代了《蒂迈欧篇》的核心地位，但《蒂迈欧篇》仍被广泛阅读。这两部对话都很重要，因为它们揭示出柏拉图思想的不同侧面，这些侧面既对立又统一。

神与善

这位创世的神匠创造出可能造出的最完美的世界，因为他本身为善（《蒂迈欧篇》29d-30c），故而希望他的造物尽可能尽善尽美。因其本身为善，故没有嫉妒心，他希望造出的世界尽可能完美，而且尽可能像他自身那样完美。

由于受两千年来一神论影响（犹太教、基督教、伊斯兰教），我们习惯认为神是善，因其自身为善，故其造物亦为善，当我们接触到柏拉图这种理论时，不会觉得惊诧。我们有两点要记住。第一，柏拉图在他的文化中公开提出这样的思想，有一定的风险。第二，尽管如此，柏拉图的立场仍不及我们所熟悉的一神论思想来得极端。

古代民众宗教——各式各样的泛神论——并不宣称神、或者众神本性为善。这看上去有些天真、不切实际。他们认为居于外界和内心的超自然神力乃是善恶相混。民众宗教中的希腊诸神可以做出卑鄙无耻、危害甚深的事情。而且，他们对人类还非常嫉妒。柏拉图认为神全然为善，而且只产生善，这使他与民众宗教分道扬镳。他从未摈弃当时宗教的外在形式和活动，但他的神学思想与大多数人对宗教的理解格格不入。在《理想国》中，他坚持认为诸神只产生善，[1]健全的社会必须对大部分有关神的故事进行严格的审查。[2]（前面已经说过，在文学艺术方面，即使需要压制人民的创造力和想象力，柏拉图也在所不惜。此处对神而言，他亦是如此。）

在《法律篇》中，柏拉图走得更远。虽然公共宗教依然维持普通希腊城邦的宗教形式，但柏拉图提出强制措施，在基督教兴起之前的古代社会里可谓闻所未闻。公民不得拥有私人的祭坛和私人的敬神活动，他们必须参加整齐划一的公共宗教仪式，除此之外他们别无选择。重要的不仅仅是他们的外部行为，还有他们的内心信仰。所有公民必须相信神的确存在，而且这些神灵眷顾人类，决不会接受贿赂从而无视人间的罪恶。公民若否定这些信条，将被教育改造，若仍执迷不悟，将被处决。[3]在古代哲人当中，柏拉图算得上是独一无二，因为他认为人人都应持有

1 见《理想国》卷二379a-c。柏拉图在卷二380c和卷三391e都重申此点。

2 见《理想国》卷三386a-388e。

3 这些严厉措施见《法律篇》卷十结尾处909d-910d。

图10　基督教的上帝如同柏拉图的神匠。《蒂迈欧篇》对中世纪影响深远。这是13世纪上半叶的一幅插图，上帝正用圆规规划世界（圆规在当时建筑业中已被使用）。犹太教和基督教的创世故事在这里以柏拉图的方式表现出来。一位神匠将数学规则加之于混乱的物质材料上，创造出我们的世界。

正确的宗教信仰，不仅要相信神（或诸神）的存在，还要相信神只会产生善，从不为恶。

古代哲人从未如此激烈地排斥民众宗教，无怪乎古代基督教思想家在异教哲人中独钟情于柏拉图，总引柏拉图为同道。他关心普通民众的宗教信仰，特别是他坚持神之本性为善、而非恶，这些思想对基督教思想家都非常重要。

尽管后来有很多犹太人和基督徒借鉴了他的思想，并花费无数心力试图将《蒂迈欧篇》的思想融入《创世记》之中，但柏拉图与这些思想家之间仍有隔阂。

柏拉图的神是一位工匠，他尽其所能改造他必须使用的原材料。他从混沌中创造出秩序，但他并没有从虚无中创生出原初的质料。（希腊哲学传统一直认为，从“无”中创造出“有”这一想法是前后矛盾的。）因此，柏拉图避免了一直困扰犹太基督教传统的“恶的起源”问题。如果上帝从虚无中创造世界，何以他会创造出“恶”，并使“恶”成为世界的一部分?[1]柏拉图的神乃是像工匠一样的

---

1 比如奥古斯丁早年受摩尼教吸引，其中一个原因就是摩尼教回答了“恶从何而来”（*unde malum*）这一问题。后来，奥古斯丁受新柏拉图思想影响，将“恶”不再理解为一种实体，而当作对“善”的褫夺（*privatio boni*）。见《忏悔录》卷三，7，12，以及卷七，5，7和12，18。

创造者，他制造出完美的制品，但“必然性”的作用、物质原料中不可避免的欠缺，这些都与他无关。

数学与知识

在《蒂迈欧篇》中，柏拉图着重强调天体运行（即便是不规律的运动）是可以通过数学计算的。柏拉图还持当时流行的四元素说，但他加上一点，认为四元素的相互转换乃是因为它们内在结构中不同的几何图形。[1]在柏拉图看来，我们的世界是有规律的世界，数学是其中的关键。

在很多对话中，数学是柏拉图理解知识的重要模式。在一些短小的对话中，柏拉图描写苏格拉底仔细审视各种德行，是否拥有知识经常被比作是否拥有一项技能或专长，这里所涉及的是实践知识。但是柏拉图在判断知识的时候，自有一些特定的条件（如第一章中所论及的）。知识可以被表达出来，拥有知识的人可以“给个说法”，也就是解释、论证她所知道的东西。知识还要求你用头脑来

1　这一段讨论见《蒂迈欧篇》48b以下，尤其53d-55d。

独立思考，不应该未经反思便贸然接受他人的意见。与之相反，即使是正确的意见也至少在两方面低于知识。意见可由“劝诱”得来，而劝诱指的是跳过解释和证明便使人相信的技巧，结果造成人虽持有某观点，但实际并未理解。而有真知的人明白他[1]所知道的，还能“给个说法”。在一些著作中，柏拉图将“给个说法”比作一个有专长者能清楚地解释她所擅长的技能。

但是当柏拉图将重点放在知识其他两个特征时，他往往以数学为理想的模式。这另外两个特征是：知识是有结构的，它不是一团杂多的信息，而是组织完善的系统，包括根本的道理和其他推导出的知识。柏拉图认为，几何学最能体现系统化思想，使理解过程有条不紊，这是他所熟悉的发展最充分的数学分支。在几何学里，我们能够清楚地看到前提、结论、以及推导过程的精确描述。这一知识的理想形式见于《美诺篇》和《斐多篇》，在《理想国》关键的几卷书中运用得最为充分。在《蒂迈欧篇》和《斐

1　此处作者无意中又使用he作为泛指的第三人称代词，不符她在第一章所宣扬的女权主义立场（见本书第一章112页的注释第1条）。这一段前后都用she，这里恐是笔误。由此可见在细微处全面贯彻女权主义立场之难。

力布篇》中，柏拉图强调唯有数学能够带来我们知识当中任何系统和可靠的部分。

数学第二个鲜明的特征在于其研究对象。一旦我们掌握毕达格拉斯定理，[1]我们便在头脑中领悟了一个道理，不管我们画什么样的图来展示，都不影响这个定理本身的正确性。我们的展示图不管多么拙劣，都无关乎数学上的真理。这一定理虽不能在经验世界中看到，但它却是颠扑不破的。一经证明，我们便知它为真。数学这一特性对柏拉图触动极深，因为我们不仅能确定所证明的结论，还认识到唯有运用某种抽象思考我们才能理解这些结论。我们明白，感官经验的证据与我们在思考中所证明的结论无关，甚至后者还会与前者抵触。柏拉图认为这便是哲学智慧之开始，这便是思考万物的正确途径。虽然他的知识论前后有出入，他有时会认为我们可以认识通过经验得来的东西（参看第一章），但柏拉图更愿意认为：当我们意识到经验世界并不带来真知，当我们明白抽象思考才能产生理解，这才是迈向知识的第一步。而数学就是这一步的完美体

1　指勾股定理。

现，它的这一特点对柏拉图影响甚深。

但是，在思考对象和思考方式两方面，数学还是不及哲人所进行的思考，数学仅仅是哲学思考的准备工作而已。

理念

柏拉图以为，哲人运用一种称为“辩证法”的思考方式。在不同作品中他对此方法的论述显著不同，但有一点不可动摇：此方法以讨论的方式展开。哲学总是包含与他人的辩驳与讨论，你必须针对他人的意见，维护自己的观点。我们不太清楚最适用于哲人的方法是什么，关于此点有多种不同意见，但柏拉图总是确信哲学思考胜过所有其他类型的思考。即使数学家也不能彻底领会他们得出的结论，而唯有哲学家能考察并运用他人的结论，将这些结论辨析清楚，给出能确保结论得以成立的理由。这种哲学至上论听上去有些盛气凌人，却是很多哲学家追求的目标，即使在有些时代，哲学必须与科学发现或神学结论保持一致，也不例外。

柏拉图对哲学的看法，最著名的是他的理念论。他宣称哲学思考能够把握“理念”[1]（他没有专门的术语，常用希腊文一个习语，相当于“某物自身”，但译成英文不能说明什么问题）。有时他给人一种印象，好像理念是哲学的顶点和核心，这当然是对理念的称颂，因为柏拉图坚持用对话体写作，并没有提出关于理念的系统“理论”。理念出现在对话录各处，好像苏格拉底以及其他人已经很熟悉这个思想，但柏拉图没有明确介绍这个概念，似乎认为这是人人皆知的。但《巴门尼德篇》第一部分提出了六种反对意见，结论是：这个想法不坏，但还需要加工，方能成立。

虽然“理念”一说柏拉图并没有详细解说，而且出现次数也不多，但根据为数不多的几段讨论，读者仍极力建构一套“理念论”，力求将这一理论与柏拉图自己的批评相参照。这可能就是柏拉图的用意所在，但毕竟柏拉图在

1 “理念”（*eidos*，idea）一词英文或译作idea或译作form。本书作者即用form，很多现代柏拉图研究者也倾向使用这种译法，因为英文idea一词（思想、想法、观念）带有主观色彩，易引起误解。我们都知道，柏拉图的“理念”当然不是指人脑中的观念。希腊文*eidos*一词可以指看到的样子、形状、形式等等。

表述这一思想时故意含糊其词，因此若要从中得出明确的结论，我们还需谨慎从事。

在《蒂迈欧篇》中，在论及知识与真实见解之区别时，柏拉图对“理念”有一番总论，以为理念隐含于知识与真实见解的区别中。（应该注意到，柏拉图没有考虑到我们对知识的看法可能不对应任何事物。他认为我们渴求的知识至少在原则上是可以获得的。）但这并没有解决理念究竟为何物的问题，而且柏拉图的讨论很难综合在一起。

在《蒂迈欧篇》中，理念是造物的大神所依据的模式。世间万物（包括种和属，还有四元素）都托身于物质中，安置于空间内（柏拉图于此处语焉不详，后遭亚里士多德批评）。最重要的是，万物乃是“生成”的，而理念则“不生不灭”。这便是理念与我们身边万物在形而上学方面的重要区别，万物不过是“分得”理念之内蕴，或者是理念之“肖像”或“模仿”。在《理想国》、《斐多篇》和《会饮篇》一些著名段落中，柏拉图又着重强调了这一区别。但是，世间万物的“生成”到底是什么意思，哪些物事“分得”理念，柏拉图对这些问题的回答不尽相同。

理念

蒂迈欧：让我们来仔细讨论、探究这些区别。世上是否有不依他物、独立存在的“火”？以此类推，是否有不依他物、独立存在的其他物？还是说，我们所看到的事物、我们通过感官感知到的一切是唯一真实的事物？是不是说，除感官感知的事物之外，别无他物？我们说，每一物均有能为理智所把握的理念，这种说法是不是无稽之谈？

我们不应该仅仅说一句“事情本来如此”，不加考察和评判，便随便把这问题打发掉。我们已然讨论了许久，也不应该于正题之外再加一篇冗长的说辞。但若能简要标举出一些根本的分别，那便再好不过了。

下面便是我赞成的观点。如果理智与真实意见有所不同，那么必定有“独立存在”之物，也就是我们感觉不到、但理智可以把握的理念。但如果有人以为，真实意见与理智没有分别，那我们必须要将感官所感知的一切视为最稳定。但我们必须说明，二者的确有区别，因它们不是在一起生成，而且彼此相异。理智来自传授，而真实意见则由劝诱得来。理智总伴随明确的解释，而真实意见则没有。理智不为劝诱所动，而真实意见则为劝诱左右。我们不得不说，每个人都有一部分真实意见，但唯有神和一小部分人才拥有理智。

（《蒂迈欧篇》51b-e）[1]

1 作者的译文有时不易理解，我参考了Loeb古典丛书的英译文，译者为R. G. Bury。

有一种显而易见的解释，认为我们指称具体事物的每一个名词都对应一个理念，因此每一总称都有一个理念（这等于将理念变成后来所称的共相）。这种说法是完全错误的，它起源于对《理想国》596a一段的误译，这段实际的意思是：凡有理念存在之处，只能有一个理念。每一总称都对应一理念的说法完全不着边际。若果真如此，我们就不能理解理念为何是理智的对象、为何理念是我们必须用头脑去努力把握的事物。此外，这也与柏拉图的语言观相违背，因为他坚持认为我们的语言体现的是常规和成见，语言自身绝对不能引向哲学真理（见《克拉底鲁篇》，《政治家篇》262-3）。

"分得理念者""生成"，而理念"不生不灭"。"生成"的一个意思是变化，一物在某时拥有某种性质，后来则有另一性质，甚至后来获得的性质排斥或对抗原有之性质。当然，柏拉图有时强调我们所经验到的世界处于流转变迁之中，这与理念之永恒不变完全不同。这一点与理智相关。如果我们不必随一物的变化而改变对它的认识，我们自然会更好把握一物的本性。（数学的一个特性便是其真理不随时间改变。）但若单纯以事物变化为理由，强调发生改变的事物在形而上学的意义上低于不变的事物，这理由未免站不住脚。所幸柏拉图还提出其他理由。

更有趣的是所谓“对立论证法”，在《斐多篇》、《理想国》和《大希比阿篇》中，这是讨论理念所用的最显著的方法。其要点在于，我们可以作一个真实判断，说在我们经验世界中存在某物、具有某属性，但从其他角度考察，我们也可以说它是某物的对立面。比如，长度相等的棍子宽度却不相等；一个美貌女子胜过她的同伴，但与女神相比则相形见绌；一个行动可以为对，因兑现了许诺，但也可以为错，因为轻率、危险，等等。有时我们发现若一味寻找对立性质，这样的观察角度未免失之牵强，但重要的是，我们总能找到类似的视角。因此，经验世界中没有一物可以完全排除其对立面，没有一物可以宣称自己拥有绝对的某属性。但我们的确可以领会某物具有某属性是什么意思，因为当我们明白某属性为何，便可明白这个意思。因此我们发现：理智所把握的对象不是经验世界中的物事，因后者既可以具有某属性也可以有对立的属性。理智所把握的是物之本体，是我们在头脑中领会的一物的理念。

这种说法可以让我们明白，为何柏拉图要将存在与生成的区别紧密联系于知识和意见的区别。这也说明他为什么要强调变化，因为一物从这方面来看具有某属性，从另一方面看则具有对立的属性，这正显示一物的变化。问题在于，这种说法认为，只有含有对立面的词语方具备理念。柏拉图有时好像意识到此点（而且将其作为立论的基础），但在其他地方，他不加论证便扩大了理念的“范围”。

虽然我们试图将柏拉图论述理念的全部观点综合在一处，但这个问题就像柏拉图自己提出的六种反对意见一样，没有得到解决。柏拉图自已也没有宣称有最后定论。在《巴门尼德篇》中，他让一位年高德劭的哲人对苏格拉底说，理论需在往复辩论中加以粹炼，这也正是柏拉图对我们的劝告。

柏拉图画像

柏拉图最著名、也是流传最广的画像出自拉斐尔的壁画《雅典学院》。这幅壁画是为教皇尤里乌斯二世（Pope Julius II）的图书馆所画。这幅描绘古代哲学的壁画深受文艺复兴时期柏拉图主义复兴思潮的影响，壁画的中心是柏拉图和亚里士多德。柏拉图一手握《蒂迈欧篇》，一手指天，而亚里士多德一手拿《伦理学》，注视柏拉图高举的手，另一手向前伸出。二人手势不同，显示出亚里士多德更关注以哲学原则理解人世，而柏拉图则执意思索抽象的理论原则自身。在壁画中，特别强调了《蒂迈欧篇》中对世界内在结构的数学思考。柏拉图站在毕达哥拉斯和欧几里得（Euclid）中间，他的面容不像古代半身雕像，倒更像同时代的数学家莱奥纳多·达·芬奇（Leonardo da Vinci）。文艺复兴时期，柏拉图也是影响基督教的重要哲学家。在对面墙壁上，拉斐尔对三位一体的刻画深受当时新柏拉图主义者的影响。查士丁本是公元2世纪柏拉图派哲学家，皈依基督教之后殉教。他在图中也和柏拉图一样，一手指天，不过他指向的是耶稣基督的道成肉身。在教皇尤里乌斯的思想框架中，异教哲学的最高成就以微缩的形式重现于基督教核心思想的表现中。

图11 拉斐尔在《雅典学院》中所绘的柏拉图和亚里士多德

图12　拉斐尔在《圣体辩论》中所绘殉道者查士丁[1]

1　殉道者查士丁（Saint Justin Martyr，约公元100-165），早期基督教神学家，以所作两篇《护教论》最知名。查士丁致力于将柏拉图主义与基督教思想打通，后于165年在罗马殉教。

结论：哲学

研究柏拉图的日本学者纳富信留指出，西方哲学在19世纪引入日本时，日本人曾造“哲学”一词来加指称。[1]虽然我们所称的哲学各门（比如宇宙论、逻辑学、道德哲学、政治哲学）在东方思想传统中早已非常发达，但这些研究并没有被纳入“哲学”领域。即使在西方传统里，这些研究也没有被整合成一门根本的学问。纳富信留和许多人一道，发现柏拉图首次将哲学当作一整体的知识体系，他是将哲学界定为寻找理智和智慧、优于其他门类知识的第一人。柏拉图也是将哲学体制化的第一人（“学院”一词便得自柏拉图），他认为哲学需要以系统方式追求真理，并完全依靠与他人和自我的辩论。难怪后世的教条主义和怀疑派都宣称继承了他的衣钵，他的对话录两千年来也被解释得千奇百怪。归根结底，他最深刻的道理并不是

1　纳富信留（Noburu Notomi）是日本庆应义塾大学（与早稻田大学齐名的私立大学）的准教授（相当于我们的副教授）。有英文著作*The Unity of Plato's Sophist: Between the Sophist and the Philosopher*（Cambridge University Press，1999）。北京大学日语系彭广陆教授帮助查找到该作者的相关信息，特此感谢。tetsu-gaku就是“哲学”一词的日语读音以罗马字母拼写出的形式。

我们应当相信理念的存在，或美德之重要，而是说，为了理解这些问题，我们应当与他深入对话，与我们同时代人深入探讨。